塑身圣经
肚皮舞跳出女人味

SUSHENSHENGJINGDUPIWUTIAOCHUNVRENWEI

温可馨 著/演示

农村读物出版社
北 京

图书在版编目（CIP）数据

塑身圣经：肚皮舞跳出女人味 / 温可馨著．— 北京：农村读物出版社，2019.1
ISBN 978-7-5048-5773-6

Ⅰ．①塑… Ⅱ．①温… Ⅲ．①健身运动－基本知识 Ⅳ．①G831.3

中国版本图书馆CIP数据核字(2017)第030798号

策划编辑 刘宁波
责任编辑 吕 睿
出　　版 农村读物出版社（北京市朝阳区农展馆北路2号100125）
发　　行 新华书店北京发行所
印　　刷 中国农业出版社印刷厂
开　　本 787mm×1092mm　1/16
印　　张 10.5
字　　数 194千
版　　次 2019年1月第1版　2019年1月北京第1次印刷
定　　价 46.00元

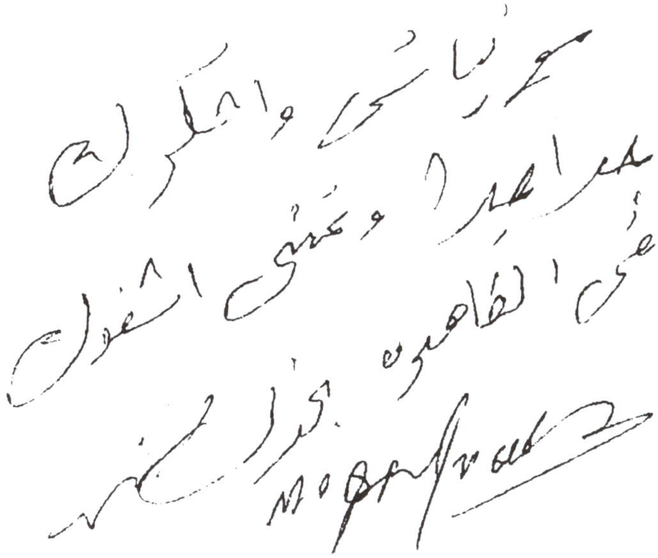

世界肚皮舞皇后纳吉瓦

对中国肚皮舞皇后温可馨的亲切祝贺

Belly Dance

目录

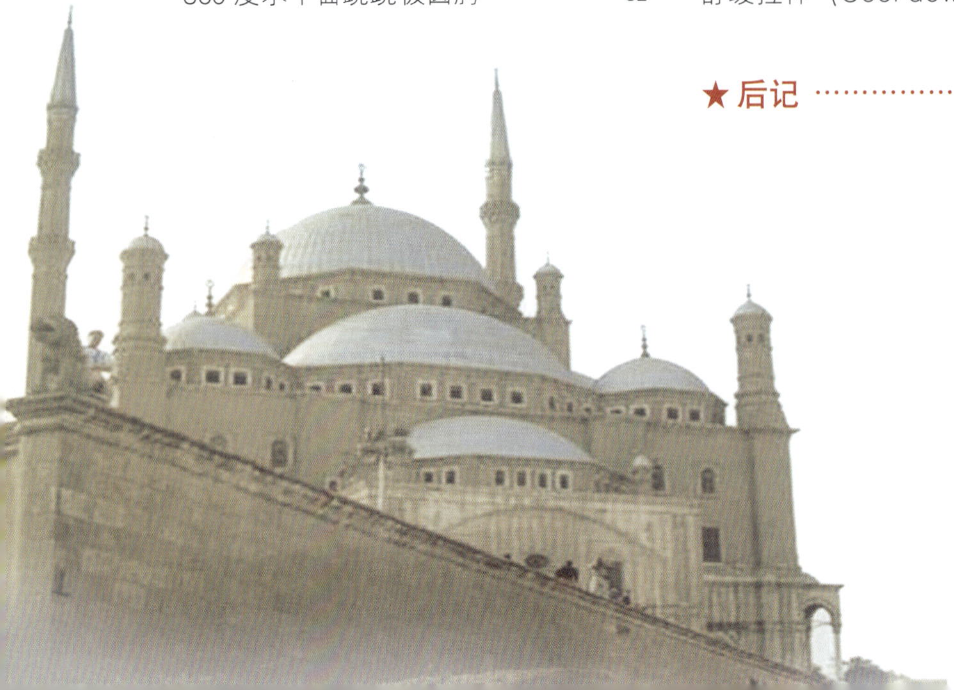

掀开肚皮舞的神秘面纱

Belly Dance 肚皮舞的源流

肚皮舞是一种来自古老埃及的神秘舞蹈，它是中东舞的一个派系，由古至今一路走来，风靡于埃及、土耳其、黎巴嫩、叙利亚等中东地区国家甚至美国、英国等国。无论在何处，它都被蒙上了一层若隐若现的、羞羞答答的神秘面纱，耐人寻味。尤为有趣的是，它还有众多雅俗共赏的名字和多个版本的传说。

肚皮舞源于中东地区，最早是一种宗教仪式，用以叙述大自然和人类繁衍的循环不息，祝福妇女多产以及颂扬生命的神秘。这就可以解释为什么肚皮舞以腹部的摇摆为主要动作，并且要求光着脚：为了保持和土地的联系。这种舞蹈逐渐发展为一种民间艺术，并最终成为广泛流行于中东地区的一种独特的娱乐和表演形式，是神秘的阿拉伯文化艺苑里的一朵奇葩。

无疑，肚皮舞是中东一带的古老传统舞蹈。那么，肚皮舞是何时出现的呢？据考证，3500 年前埃及的古壁画上就有类似我们今天的肚皮舞的画面。

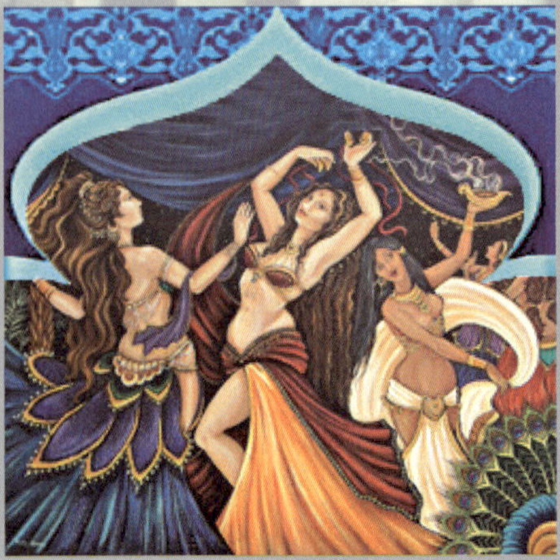

但不同的地区有不同的传说和故事。一种传说是：一位怀孕待产的母亲为了能顺利分娩，接受姐姐的建议，模仿蛇的曲线摆动来摇摆自己的身体，尤其是腹部。快速摆荡的身体呈波浪状起伏，再加入音乐的节奏，果真让孕妇顺利产子，于是蔚为风气。

还有一种传说：有一位身材曼妙的育龄女子，为婚后不孕而愁，于是来到神庙向生育女神祈求赐子。她在神像前舒展身肢，扭腰摆臀，翻滚腹部，仿若在妖娆起舞……妙龄女子婀娜多姿的优美舞蹈，使在场的祭司们为之倾倒，即刻将此事禀报了法老。后来人们将女子的“舞蹈”作为祭祀舞蹈流传下来。——这可以从古埃及的壁画中找到佐证。

肚皮舞在传承的过程中经历了不同的国家、不同的文化，是长时间演变后形成的舞蹈。和大多数西方人所认同的观点完全相反，东方舞（肚皮舞的正确名称）并非起源于古时伊斯兰国家的皇室宫妃为取悦君主而跳的情色艳舞。几个世纪以来，东方舞在中东国家一直是一种民俗性的舞蹈，人们只会在一些喜庆的场合跳这种舞蹈，比如婚礼、庆祝一个新生命诞生的仪式、民俗节日或者其他的聚会。跟现在美国人在婚礼宴会上跳华尔兹、两步舞或者小鸡舞一样，中东国家的人们也会在欢宴上起身，与朋友们一起，和着喜爱的音乐翩翩起舞，以此来表达内心的喜悦。

Belly Dance 肚皮舞的名称

肚皮舞在阿拉伯地区的原名翻译成中文应该是“东方舞”或者是“亚洲舞”。实际上，中英两种语言都没有用人体的某个部位来为这种舞蹈形式命名。很多中东人觉得“肚皮舞”是对这种优美表演艺术的一种粗俗的叫法。仅仅“肚皮”这个单词，就让人听起来觉得挺低俗的。

既然如此，那为何仍然有人愿意叫它肚皮舞呢？

“肚皮舞”——Belly Dance这个名称在美国人的意识里被确定下来是在1893年。英文“Belly Dance”据说来自于法语。在芝加哥举办的世界哥伦比亚博览会上，来自埃及舞蹈团的一个名叫Little Egypt的舞女表演了名为“Raqs Sharqi”的舞蹈，让当地人从未见识过的腹部肢体舞蹈语言首次在美国公众面前亮相，迅速吸引了美国人的眼球。主办方——名叫Sol Bloom的精明商人为了让此次世界博览会获得出众的娱乐宣传效果，便将这种艳压群芳的中东舞蹈绝技命名为有些暧昧又颇具噱头的——Belly Dance。这种广告促销手段果然吸引了更多的访客光临博览会。Little Egypt跳此舞的时候，穿的衣服比如今

的舞服要保守得多，即便如此，她的表演对于当时还受维多利亚时代风气影响的美国社会而言，还是太另类了。之后，一些热衷于此舞的爱好者的所作所为更是加深了“Raqs Sharqi”在人们心中的不好的形象。甚至到了今天，在电影和小说里，肚皮舞仍无法避免地与低级的涉及性诱惑的主题联系在一起。

好像正是从那时起，中东舞就被迫披上色情和娱乐的外衣，金钱也驱使越来越多的舞者将肚皮舞变成迎合低级趣味、追求感官刺激的艳舞。

这种舞蹈的正式名称在舞蹈界一直存在争议。有人提倡使用更为确切的术语来定义它，比如“中东舞”或“东方舞”，但有的人依旧喜欢称它为“肚皮舞”。不得不承认，仿佛只有“肚皮舞”这三个字才叫得响亮，才会使这一舞种越发流行。

Belly Dance 肚皮舞的特点

肚皮舞，是上天赐予女性的丰厚礼物。将肚皮舞的绝技发挥得淋漓尽致的专业舞者，伴随着变化万千的鼓点和快速的节奏，摆动胯部，滚动腹部，摇动臂部，颤动胸部，抖动肩部，用高难度动作，展现出令人眩惑的独特魅力，形成肚皮舞独具一格的传统舞技。中东的肚皮舞表演艺术家们喜欢在柔软的地毯上赤足舞蹈，配合阿拉伯风格的神秘的古典音乐，展现婀娜多变的舞姿，时而优雅，时而感性，时而妩媚，时而娇柔，时而傲酷。错综复杂的感性肢体动作，令人目不暇接。

肚皮舞通过骨盆、臀部、胸部的动作，手臂的旋转以及令人眼花缭乱的胯部摇摆，塑造出优雅、性感、柔美的舞蹈语言和身体艺术，充分展现女性身体的阴柔之美。它是一种对全身都有益处的协调运动，可以锻炼腿部、腹部、肩部以及颈部，提高身体的弹性和柔韧性。手臂的动作也非常重要，让手臂变得像飞鸟的翅膀一样轻盈、像波浪一样起伏，可以表达出舞者的优雅和精巧。也许你认为它只是一项单纯的舞蹈运动，可事实上，肚皮舞能建立心灵与身体间的精神纽带，让人仿佛加入一场对外在身体和内心世界的探险旅程。你会感觉到隐藏在身体中的气质女神被慢慢唤醒，灵魂焕然一新，受支配的躯壳变得像蝴蝶、海浪、流水一样欢快与自由。当你翩翩

起舞时，体内的女神让你变得更优雅、更有力量、更加性感。

中东舞娘时常只跟随一个手鼓的伴奏演绎一支独舞；而跟随着一支阿拉伯乐队演奏的旋律舞出的传统肚皮舞则更具动感。乐队里常见的伴奏乐器有乌德琴、耐笛、地尔巴卡、手鼓、扬琴山都尔等。其中手鼓尤为重要，在舞者施展扭腰舞臂的绝活时，各式手鼓的加入无疑是锦上添花。

跳肚皮舞时，舞者会使用各式各样的道具，比如刀、剑、纱巾、烛台、指钹、火焰甚至蛇等。这些道具的出现，可能是受到古典肚皮舞和神秘宗教仪式的影响。在中东的一些国家，舞者仍然遵循那些传统的肚皮舞表演方式，尤其是蛊惑人心的人蛇共舞。蛇在阿拉伯文化中同时象征着男人和女人，仿佛雌雄同体一般，因此蛇舞非常诡异，充满了神秘色彩。

肚皮舞的特点在于臂部动作繁多和复杂，综合了中东地区不同国家的舞蹈技术和特色风格。同时，肚皮舞每发展到一个新的国家和地区，每一个不同的民族和国家都会在其中加入带有自己文化特色的独特舞蹈要素。

Belly Dance 肚皮舞的类别

肚皮舞的舞蹈风格多种多样，具体舞蹈风格类型如下：

（一）现代埃及风格肚皮舞

现代埃及风格肚皮舞的表演是很内敛、优雅的，而且经常包含一些芭蕾的动作，比较注重情感的表达。它动作幅度极小，强调内在化，非常注重对肌肉的控制，主要以中心躯干为主轴进行缓慢、小幅度的舞动。优雅的律动间“极少便是极好（less is more）”是这种舞蹈的理念，因此它以细腻的、有层次的、优雅微幅的动作为主。在埃及，大多数的专业女舞蹈演员都会选择穿上一件紧身连体衣裤或是一种紧紧裹住胸部以下部位的女式马甲来遮住她们的肚皮。

这种风格的肚皮舞的伴奏方式以融合混音、弦乐、现代鼓的音乐以及舞者的吟唱为主。

在公开表演的场合，埃及舞者必须将腹部遮掩住，她们昂贵的舞服通常选用做工精美华丽的刺绣，镶上莱茵石、大片绣花与水晶，并衬以流苏。

埃及风格肚皮舞于 1920 年以来受到俄国芭蕾舞很大的影响。舞者较少穿着舞鞋表演，除塞得风格舞蹈以外也绝少在表演中使用指钹。地板动作也很少出现在典型的埃及风格舞蹈里。但是偶尔在私人派对里表演的大烛台舞中会出现展现平衡美感的地板动作。在现代埃及风格肚皮舞里较为常用的道具包括牧羊棍或棍子、烛台以及一件华丽的外衣。

（二）土耳其风格肚皮舞

“怎么样都好（anything goes）”是土耳其风格肚皮舞的舞蹈理念。该流派的舞蹈富于活力，华丽奔放。大幅度的动作、跳跃和胯部的震颤、摇摆以及臀部的快速摆动非常常见。舞者服饰华丽、昂贵。服装的大胆、出位和暴露并不是这种风格的要求，而是它的特色。舞者习惯穿着舞鞋演出。土耳其民族舞蹈内容丰富，包括古罗马时代的吉卜赛转裙舞、木匙舞、茶盘舞（茶盘大小不一，上置蜡烛）等。土耳其风格肚皮舞采用的音乐也与埃及舞者所使用的不同。土耳其舞者在演出时较埃及舞者有更多的地板动作。

（三）黎巴嫩风格肚皮舞

黎巴嫩风格肚皮舞是介于现代埃及风格肚皮舞和土耳其风格肚皮舞之间的一种肚皮舞流派。该流派兼具优雅的移动，前后左右的暂停、舞动以及少许的芭蕾舞成分。

黎巴嫩风格肚皮舞较为贴近埃及风格肚皮舞，但是动作幅度较埃及风格肚皮舞大许多，而且受到芭蕾舞的影响也更为明显。行进动作与戏剧张力是黎巴嫩风格肚皮舞中广受欢迎的表演元素。

黎巴嫩风格的肚皮舞融合了黎巴嫩多种民族舞，包括德布卡、波斯湾风格舞蹈及塞得舞蹈。常见的道具包括指钹与牧羊棍，偶尔也会出现剑舞或刀舞表演。黎巴嫩舞者在进场时使用纱巾的时间较长，也习惯穿着舞鞋表演。

（四）民俗风肚皮舞

在英国日渐游行的民俗风肚皮舞源自美国的混搭舞风。启发民俗风舞者的混搭舞种包括印度舞及佛朗明哥舞，以及突尼斯、摩洛哥、土耳其、埃及民族舞蹈。

在此特别介绍一下目前独领风骚的美国部落民俗风格肚皮舞。肚皮舞在发源地埃及日渐衰落，从20世纪90年代起却在美国日趋繁盛。

部落风格肚皮舞里也有数种不同的混搭风格，例如由大好机会舞团引发流行的美国部落民俗风格肚皮

舞。美国部落风格肚皮舞是一种原创于美国的舞蹈，它借鉴了多种舞蹈的动作和服装特点，但也有着自己独一无二的特色，这种肚皮舞的服装和动作看上去民族风味十足，甚至有一种相当强烈的历史感，以至于它就像是一种古老的艺术形式。这种风格的舞曲通常具有民族特点，并有着相当程度的催眠效果。有诸多舞曲是现代人完成的，有的还加入了当代的科技性音乐和催眠性音乐。美国部落风格肚皮舞还吸收了包括埃及、波斯、摩洛哥、印度和阿富汗在内的多个国家和地区的经典民间乐曲，作为其动作和服装创造的灵感素材。

美国部落风格肚皮舞的服装、风格、移动步履以及自身独特的艺术魅力和传统的肚皮舞有很大的区别，融汇了各派肚皮舞的艺术形式。它更强调移动的步伐与内在的美感，靠身体的延伸、舒展和手部动作来表示与大自然融为一体的意境。

美国部落风格肚皮舞包含既定性的舞蹈动作和即兴的自由发挥，采用的是集体即兴表演的传统表现技巧，其另一个显著特点是团体中动作的一致性。

部落风格的舞蹈着重强调舞蹈的精神内涵，兼具美学、历史和哲学的艺术感。它之所以有别于其他的肚皮舞，在于舞者似乎不在意观众的喜好或是娱乐效果，不会有很多的快速摆动动作，也没有刻意夸张的舞蹈动作，而是凭感觉即兴而舞。她们在演出的时候，经常表情酷酷的。

部落风格的服饰，不追求其他肚皮舞服饰的华丽，喜欢就地取材。最朴实的棉布、自然纤维、麻绳、贝壳、羽毛、刺绣等都被舞者进行混合搭配，形成多层次的奇特服饰，头巾、头花、硬币、响铃、大块项链、镯子和其他夸张的首饰，甚至面部描绘的图腾都成为舞者标准的装扮。

（五）东方舞

东方舞是一种针对女性设计，以展现女性优美为目的的舞蹈。主要以埃及风格音乐为表演乐曲，在舞台上以美不胜收的表演闻名。

1. 巴乐迪：巴乐迪是埃及的乡村舞蹈，也是音乐的名字。当它被搬到舞台上的时候就成为“都市的巴乐迪”。舞者身穿艳丽的服装，看上去华丽耀眼。通常舞者的装束是一件合身的有腰带的长袖衣服，衣服的一边或者两边有开口。三角形的头巾也是常见的佩饰。在这种舞蹈中牧羊棍或竹篮是常见的道具。

2. 泰必：是男舞者功夫舞，舞者手持古代战争中常见的长棍进行演出。

3. 卡雷：是流行于波斯、美国墨西哥湾和沙特阿拉伯的肚皮舞。舞者身穿色彩丰富、有华丽刺绣花纹、做工精细的长裙，佩戴有特色的头饰。舞蹈动作以肩部和甩发的动作为主。

4. 波斯肚皮舞：它和其他中东国家的肚皮舞不一样的地方在于它很少有腹部的动作，更多的是优美的手臂动作，肩部的摇摆、旋转以及八字腰舞。

5. 吉卜赛肚皮舞：源自印度的吉卜赛人在迁徙过程中，慢慢地将他们的舞蹈带入中东及欧洲区域甚至今日的美洲。吉卜赛人在流浪卖艺的旅途中，在播散印度文化的同时，也吸取阿拉伯文化的精髓，把自己的文化与异国文化相融，创造出一种崭新的吉卜赛式肚皮舞。

另外，还有苏非教的旋转舞、拜火教的仪式舞等由宗教衍生出来的舞蹈。它们都展现了中东文化的迷人风情。目前阿拉伯肚皮舞不仅流行于从土耳其到埃及的中东地区，而且在北非各国、美国、欧洲诸国、澳大利亚也十分风行。

（摘录译自海外文献）

Belly Dance 肚皮舞的服饰

（一）赤足

古埃及人认为赤足跳肚皮舞可以表达对女神的崇敬，这大概就是跳肚皮舞时赤足的缘起吧。同时，甩开鞋的束缚，可以更深层次地打开心扉，通过跳舞连接自己的身体和情感。

（二）标准服装

肚皮舞服装通常由三部分组成：露脐小上装、镶有亮片或硬币的臀部腰带、低腰裙或灯笼裤。另外演出的时候，还可以根据个人喜好配上面纱及相应的饰品。需要注意的是全身服装的颜色一定要上下协调，有整体感。

1. 露脐小上装

（1）可以做成印度妇女穿在纱丽里的短袖小衫的式样，最好是短袖或无袖，注意短衫一定要露出自己的小蛮腰和肚脐。

（2）可以在普通文胸上绣上漂亮的彩色亮片和七彩小珠，不过一定得选择很结实的文胸，否则跳舞时珠珠片片会散落一地！

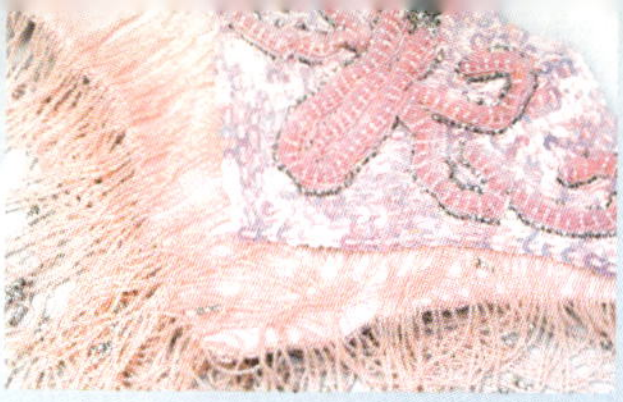
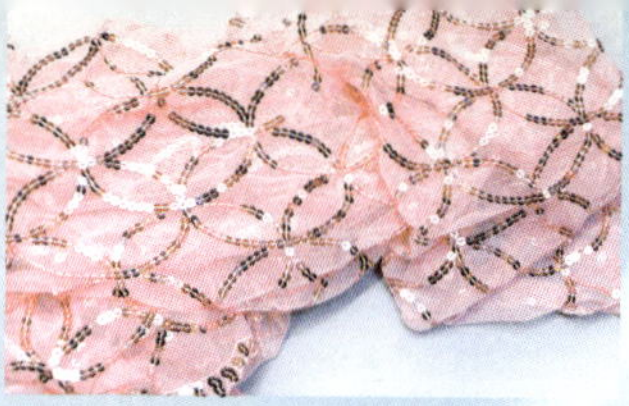

缝制亮片和彩珠时最好选择尼龙线。肩带上的亮片最好用有弹性的线缝制，这样手工缝制的珠片一定会牢固。

2．镶有亮片或者硬币的臀部腰带（腰链）

臀部腰带具有点缀臀线、加强跳舞时的动感的作用。国外舞者的臀布或腰链一般是用结实的材料如天鹅绒制成，可以是V形，可以是波浪形，下面缀上长长的珠链或密集的硬币。系腰带的位置通常在肚脐下四指，系附在低腰长裙或灯笼裤外面。舞动的时候，腰链伴随旋律发出叮叮当当的脆响，别有一番异域情调。

3．低腰长裙或灯笼裤

用轻盈透明的布料如丝绸、软缎做成，穿上去刚好落在肚脐以下、臀部以上。裙子要长到脚踝，这样旋转起来别有韵致。裙子可以做成分开的七片大摆裙，或者选择在大腿处开叉，这样既便于跳舞又显得很性感。灯笼裤外边的开衩可以从大腿一直开到脚踝，舞动时，美腿的线条会若隐若现。

4．面纱

演出时，佩戴一款神秘的面纱，可以起到烘托气氛的作用，尤其适用于初试舞技的业余爱好者，可以掩饰羞涩的表情。面纱通常两米长、一米半宽，用透明、轻盈的布料做成，这样舞者的美丽面庞才会被一层朦朦胧胧的薄纱轻裹，再配以四周镶缀的晶莹亮片，增添几分神秘。

5．饰品

包括戒指、手镯、项链、腰链、足链等，总之，尽可能多地让身体各部位挂上这些叮当作响的饰品，会使整个人更加摇曳多姿。

中式塑身肚皮舞

Belly Dance 肚皮舞的中国化

肚皮舞在争议中走出了中东，打开了西方的门，开创了一片新天地！如今，肚皮舞在世界许多国家广受欢迎。作为中国肚皮舞事业的开创者和推广者，我无比荣幸和自豪。

中式塑身肚皮舞又称“纤腰舞”或“千腰舞”，集减肥、健身、表演于一体。中式塑身肚皮舞＝中东正宗肚皮舞的成品舞蹈＋肚皮舞减肥塑身＋肚皮舞即兴表演。

中式塑身肚皮舞在融合了埃及、土耳其、黎巴嫩和所有阿拉伯国家传统肚皮舞精髓的基础上，还融入了美国部落风格肚皮舞的舞蹈成分以及中国原创的即兴肚皮舞动作，配合传统阿拉伯音乐与原创的节奏成分，是更适合矜持而高雅的中国女士的舞蹈。

我们所独创的纤腰舞将各种肚皮舞文化和各个历史时期的流行风格相融合，再加上我们的一些现代理念以及原创的舞步、舞曲和舞蹈服装。“纤腰舞”的谐音是“千腰舞”，就是用千姿百态的腰去跳出属于自己的个性舞姿。不管你是“环肥”还是“燕瘦”，你的腰都可以舞动出独特的女性曲线。所以说“纤腰舞”能让学舞者自由发挥自身的创造力去创造属于自己的舞蹈风格。

纤腰舞教学杜绝照搬原样的舞蹈格式和内容，因为我的舞台表演都是变化万千、不拘一格的，需要将其他各种舞蹈的众多不同风格融汇进来，集百家之所长。我们所追求的最高境界是以即兴舞蹈为宗旨，培养学生闻音而舞的能力，增长她们对音乐旋律、节奏和舞蹈意境的独特领悟力和超然表现力。换句话说，就是需要舞者在跳舞的过程中，现编现造，现想现用。

中式塑身肚皮舞除了减肥塑身的功效之外，同时兼具观赏性和表演性。

它有一整套简单易学的速成法：先将肚皮舞分解成肚皮舞健身操，等到学员将简单的肚皮舞健身操全部学会并熟练掌握之后，再将每种肚皮舞健身操串接起来，配合古典的肚皮舞音乐组合成传统正宗的成品中东肚皮舞，之后再配上强劲奔放的快节奏电子音乐，将妩媚优雅的传统肚皮舞转变为时尚动感的“肚皮舞迪斯科”和即兴肚皮舞。这套速成法使比较枯燥、繁琐的中东肚皮舞变得更为通俗易懂。

中式塑身肚皮舞在肚皮舞的基础上形成了迪厅炫舞、酒吧媚舞、热辣酷舞、风情拉丁舞等基本仪态，适合在迪厅、酒吧、聚会等社交场合舞蹈。

中式塑身肚皮舞集时尚健美塑身与展现个性舞姿为一体，注重音乐与感觉的合拍。你可以想象自己是快乐的天使、自由的飞鸟、欢腾的海浪，甚至根据音乐的不同，还可以想象自己是一条伴随音乐悠然起舞的阿拉伯灵蛇。

这套完整的教学理念使得不同年龄、不同体形甚至没有任何舞蹈基础的人都能迅速感受到舞蹈带来的快乐感觉。任何体形的人都能舞出独特的韵味。

中式塑身肚皮舞“八合一”速成教学法衍生出来的舞蹈概念非常通俗易懂：八节课可以简简单单地让一个普通的家庭主妇摇身一变，成为气质娇媚、身姿妖娆的善舞女郎。那看似令人眼花缭乱的业余舞姿，以假乱真到几乎可以媲美专业舞蹈演员的地步！

中式塑身肚皮舞推翻了“只有专业舞者才能登台表演”“专业舞者必须从小演练”“台上十分钟，台下十年功”的舞蹈理念。

中式塑身肚皮舞引领平常人步入神奇的舞蹈世界的大门！在中式塑身肚皮舞的课程中，几乎所有舞蹈都是融会贯通的：它蕴涵了民族舞的成分，芭蕾舞的姿态，拉丁舞的雏形，爵士舞的韵律，甚至还有HIP–POP街舞的影子……

Belly Dance 肚皮舞的健身性

中式肚皮舞着重训练女性柔美、妩媚的体态。通过剧烈的扭动消耗热量，专门锻炼腰腹部、臀部、大腿、手臂，减去全身赘肉。同时肚皮舞除了收紧臀肌之外，还能调节女性内分泌系统，促进盆腔血液循环，按摩腹腔中的子宫等器官，对月经不调、痛经等妇科疾病有一定的辅助治疗效果。

女性在做器械和其他有氧运动时，很难活动到骨盆、耻骨和腹腔。而肚皮舞是一种全身的舞蹈运动，可以让你的腿部、腹部、肩部以及颈部都得到充分的活动，它通过腰部、骨盆、臀部、胸部、头颈、肩膀、手臂、大小腿的舞蹈运动和旋转以及令人眼花缭乱的胯部摇摆动作，达到舒经活络的作用，尤其会提高腹肌的弹性和柔韧性。

肚皮舞，这项贴近自然的运动，好像一双“圣手”在触及灵魂地抚摩着躯体。推开这扇神秘的大门，你会看到一个真实的自己，一个最能表达内心愿望的自己。我们的舞蹈让每一个女性的身体都变得高雅而神圣：波动起伏的纤腰好像沉睡千年的灵蛇被唤醒，蜿蜒舞动的手臂好似飞翔的翅膀。

纤腰舞使身心受益无穷。它能够改善身体弹性，减少女性松弛的赘肉。此外，国外已有权威医生的实验证明，长期坚持跳肚皮舞，还可以防治骨质疏松症和关节炎。臀和骨盆的诸多运动、脊骨的波动、侧圆胯促使的肌肉翻滚（国外俗称骆驼步），还有肋骨的圆周运动，都加强了对腹部肌肉的锻炼，长久地坚持训练会让肢体变得柔软，当然也能促进腹腔血液循环。

Belly Dance 肚皮舞的灵性

今天，世界上流行着一种新的情绪释放方式，那就是寻求古老东方哲学中的安逸宁静，并付诸实践，以帮助自身从现实生活的压抑和紧张中解脱出来。肚皮舞就是最具东方色彩的文化形式之一。自21世纪以来，欧美国家迅速开始风靡肚皮舞，肚皮舞甚至已成为充满竞争的狂热世界的“解毒剂”。

在已知的东方文明中，也有与肚皮舞类似的艺术形式，如瑜伽、冥想术以及太极。这些艺术形式本质上都包含着对整体思想的诠释，能帮助人领悟身、心、魂三者之间的平衡和统一。它们对于个人的健康幸福起着至关重要的作用，追求的是天人合一的境界。

通过对身体苛刻的、痛苦的、人为的磨炼，以求达到内心的宁静，这不是不可能的，但要做到这一点却是很困难的。大多数东方艺术强调的是修炼过程中的痛苦，唯独肚皮舞是享受的，是自娱自乐的，是有利于整个身心健康的。

我们从肚皮舞衍生出来的中式肚皮舞里的自然舒展的动作，都是与身体相互协调促进的，而不是与身体相对抗的。肚皮舞不仅能锻炼全身，还能增强体质。肚皮“摇摆”和“起伏”的动作能逐步地使肌肉和关节进行全方位的运动，同时，“按摩”动作有助于消除跳舞者紧张不安的情绪。摇摆和震颤——甚至是更有活力的运动，有助于消除体内多余的能量和压力，起到有氧健身的目的。自古以来在东方世界里，运动都被认为是与神灵进行交流的便捷方式。

催眠舞和驱魔念咒舞在很多文化和社会里仍存在着，所以国外的现代肚皮舞表演者在舞蹈中仍保留着传统中的某些元素。例如，在慢塔克西姆舞中，乐师只用一种乐器弹奏一首即席创作的催眠曲，舞女就随着拍子

转圈，肚皮起伏运动，再配以躯体、臀部、手臂和头的柔和动作。这些令人愉悦的舞姿，能够调节人的中枢神经系统，将可以增强荷尔蒙分泌的活力和情绪传遍全身，大脑由此得到放松。通过即兴而起的舞蹈动作，跳舞者能将创造力集中在与音乐的相互呼应上，这种身心上的集中能使舞者完全沉浸在“这一刻”，当舞蹈结束时，舞者的知觉、意识状态也发生了改变，整个人会觉得精神振作、精力充沛。

如果一个人的精神压力很大，乍尔仪式舞（注：是驱魔咒语舞的一种）中的某些充满活力的舞蹈动作会有助于将消极情绪赶出体外，缓解压力。选用节奏感强的鼓点也是有帮助的，打击鼓点的重复性，能使人的精神集中到音乐方面，舞蹈动作也会随之变得更有活力和动感。一旦跳舞者累得精疲力竭了，体内的负能量这个“恶魔”就已经被赶出来了，内心的平和得到增强，身心恢复安康。

肚皮舞尊崇人的形体，视其为“灵魂的神殿”，因此我们的中式肚皮舞旨在通过形体动作与乐曲的恰当交互作用，达到身心健康。它通过舞者创造性的表现力来协调情感，同时也增强舞者保持心平气和的能力，而心中保持宁静又有利于灵感油然而生。由此可见，这门艺术形式的魅力是巨大的。

尽管文明会历经盛衰，社会标准也会不断改变，但肚皮舞却延续了几千年。21 世纪传入中国以后，经过我们的提炼，肚皮舞演变成纤腰舞。练习这种舞蹈，是在寻求一片治愈身心的“沙漠绿洲”。

跟我来！
舞起来吧！

Belly Dance 肚皮舞注意事项

肚皮舞是即兴而舞，它比其他舞蹈更能展示女性的妩媚和婀娜，更为关注舞者自身的个性和随心所欲的舞姿。

初学者应该打好基本功，重在模仿，建议先看教练怎么跳。

在跳肚皮舞时，人体的状态应为：

1．脖颈左右前后扭动，注意眼神的交流。

2．注意上半身的环绕动作和胸部的环绕动作，尤其是肩膀和手臂、手指的柔臂动作要连贯。

3．身体中部，包括腰部和胯部应遵照我们的要求扭动。

4．上半身和下半身的肢体动作是分离的。上半身运动时，下半身就要保持静止不动。

5．腿和脚的动作：膝盖大多是弯曲的；脚尖大多是踮起来的，好像在赤脚跳芭蕾一样。

要跳好肚皮舞，必须好好体会这些特征，融会到肢体语言中，如此才可以跳得性感、柔媚而不失矜持。

减肥效果：同每种有氧运动一样，有规律地长期坚持肚皮舞锻炼才会有效果。这是一整套在日常生活中能随时随地、就地取材进行的舞蹈，它能达到塑身减肥的目的。肚皮舞健身操和组合肚皮舞成品舞蹈，都能让人在异域风情的音乐和狂热的鼓点节奏中释放出源自内心的激情。

预备动作

身体直立，保持抬头、挺胸、收腹、提臀的鸵鸟站姿（见下图）。

注：将注意力集中在腰胯和臀部。双腿不管是并拢还是分开，大腿始终保持微屈状态（除了极个别动作之外）。让重心保持在下半身。挺胸收腹，脖颈与上半身尽量挺直。肩部放松，保持平衡。身体微微下沉。

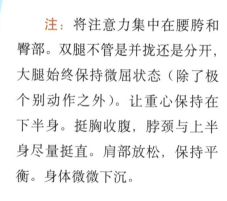

1. 角胯—向前（简称：前角胯）

身体直立，以肚脐为界限，让下身的骨盆向上做类似 90 度角的折叠。交替做双腿直立的 90 度角胯向前和双腿弯曲的 90 度角胯向前（见下图）。

角胯

前后角胯

又称 90 度直角胯。顾名思义就是身体的胯骨做 90 度的运动。

功效：收缩腹部，减去腹部赘肉。

注：上身保持不动；利用骨盆向上的力量带动下身的上顶动作；如果双腿直立的 90 度角胯不太明显，或者不太容易做到，可以让膝盖略弯，做双腿弯曲的 90 度角胯，动作会明显简易。

经常练习可以增强腰胯的前后灵活度，有助于学习肚皮舞腰胯部位的舞蹈。

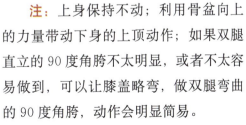

2．角胯—向后（简称：后角胯）

在90度角胯—向前的基础上，臀部带动下身用力向后方顶，好像臀部要和腰背折叠成90度角。但是腰与后背保持姿势绝对不变（见图①）。

①

功效：提臀，防止臀部松弛和下垂。

③

3．角胯—向前后（简称：前后角胯）

将90度角胯—向前和90度角胯—向后结合起来，让骨盆带动腰身、大小腿，做协调统一的前后方向角胯运动。同样可以分为双腿直立并拢式与双腿弯曲分开式（见图②、图③）。

②

功效：锻炼上下腹肌，收紧臀肌。

上下角胯

即凹凸肚皮的组合，两者同时存在，缺一不可。

①

1．上角胯（凹肚皮）

即前角胯。以肚脐为界限，让下身的骨盆向上做类似 90 度角的折叠，同时肚皮凹进去（见图①）。

2．下角胯（凸肚皮）

在上角胯的基础上，做类似后角胯的下角胯动作，即让向里凹进去的肚皮向外、向下方凸出来（见图②）。

②

注：上下角胯（即凹凸肚皮）需配合鼓点的重音。

角胯—前后合并—上下移动

①

1. 前角胯—上下移动

角胯向前，然后双腿逐渐弯曲，让向前的直角胯逐渐向下行至快接近地面时，再向上移动，双腿逐渐由弯曲变为直立。同样可以练习双腿并拢式与分开式（见图①、图②）。

②

功效： 锻炼上下腹肌、大小腿；收紧臀肌。

③

2. 后角胯—上下移动

原理与角胯向前一样。先双腿并拢向后顶，再向下行，接着向上站起，还原；双腿分开向后顶，向下行，向上行（站立），还原（见图③、图④）。

④

3. 角胯式抖胯

做 90 度角胯，上下动作加快，快到可以让腰肢前后快速抖动起来（见图①～图④）。

①

②

③

功效： 锻炼上下腹肌；颤动并收紧臀肌、大腿后侧与腰后侧两侧赘肉。

④

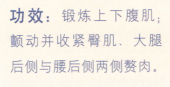

角胯—前后左右合并

1. 90 度角胯—左前

上身保持不动，胯向左前方拧成大约 45 度角，然后迅速向左前方向上顶出去（见图①）。

①

②

2. 90 度角胯—右前

90 度角胯—左前和右前分开，让直角胯分别将左前顶胯与右前顶胯连接，先慢后快跟上节奏。主要训练左右腰的扭动与左右方向的连贯上顶动作（见图②）。

3. 90度角胯—左后

先复习90度角胯向后，然后让直角胯做左后方向的上顶。分解动作是上身保持不动，下身向左后方拧成大约45度角，然后迅速向左后方向上顶（见图①）。

①

功效：锻炼上下腹肌；收紧臀肌、大腿与腰左右两侧赘肉。

②

4. 90度角胯—右后、左后、右后的合并组合

做右后方向的上顶，90度角胯左后、右后合并。主要训练左右腰的迅速扭动与左右方向的连贯后顶动作（见图②）。

90度角胯—原地行走

1. 90度角胯—向前—原地踏步

2. 90度角胯—向后—原地踏步

3. 90度角胯—向前后—原地踏步

4. 90度角胯—左前右前合并—原地踏步

5. 90度角胯—左后右后—原地踏步

动作原理：在前述所有直角胯的动作中，让双脚解放出来。动胯一次，则左脚抬；再动胯一次，则右脚抬。逐渐由慢至快跟上节拍，就能让下半身做直角胯，双脚踏步（见下图）。

90度角胯—前后行走

1. 90度角胯—向前行走（见图①）

①

2. 90度角胯—向后行走（见图②）

功效：锻炼上下腹肌；收紧臀肌和大小腿赘肉。

②

角胯是塑身肚皮舞的基础动作

可以根据个人爱好，将如上几种分类再互相排列组合，分解归纳，即兴编排出许多新花样与动作。

例如，我们可以将右手向右前方抬起，左手向左后方延伸，手指都呈兰花指状（中指与拇指微扣），而身体却向左后方做直角后顶式样的左后角胯，同时可以边后顶边向前行走，或者向后退步（见图③）。

③

左右胯

平胯

①

1. 左平胯

让左胯骨向左方平行移动，带动腰肢扭到最大限度；腰部向左边平行移动，带动下身左平移（见图①）。

②

2. 右平胯

与左平胯相反，腰部向右平移（见图②）。

动作要领：让腰部的左右平移保持在同一水平线上。

③

3. 左右平胯

左平胯加上右平胯的连贯动作。双腿直立，让左胯骨向左边平行移动，接着右胯骨向右方平移；腰部带动下身的左右平移；让腰部左、右方向的扭动由慢到快，跟上节奏（见图③、图④）。

④

下胯

1. 左下胯

骨盆的两侧上下移动，双腿弯曲，让左胯骨向左下方垂直移动（见图①）。

①

2. 右下胯

骨盆的两侧上下移动，双腿弯曲，让右胯骨向右下方垂直移动（见图②）。

②

功效：锻炼左右上下两侧腰肌和骨盆上下运动的灵活性。

③

3. 左右下胯

双腿微弯，让左右胯骨交替向左、右下方垂直移动（见图③）。

注：左右下胯又可称为活塞胯，即胯骨两边可以向下方交替运动，好像两边直上直下起伏的活塞一样。

甩胯

让胯骨的力量带动臀部快速地向左右方向甩出去，极具爆发力。

1. 左甩胯

先让左腿离地，伴随鼓点。再让左腿向左边横跨一步，右脚尖着地，同时臀部也快速地向左边甩出去（见图①）。

功效：锻炼左右两侧腰肌；收紧臀肌。

①

②

2. 右甩胯

先让右腿离地，伴随鼓点。再让右腿向右边横跨一步，左脚尖着地，同时臀部也快速地向右边甩出去（见图②）。

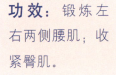

360度水平面圆胯

水平圆胯

胯部在水平面做360度圆周运动。

①

前平推

②

左平推

以逆时针圆为例，先将腰胯缓慢地向前、向左、向后、向右四个方向的姿势摆对。然后依次平推出去，配合节奏与口令逐渐加快动作。最后完全连接，让腰胯转成一个美丽的圆圈（见图①～图④）。

功效：锻炼左右前后四侧腰肌；收紧臀肌。

③

后平推

④

右平推

翘臀俯身大圆胯

①

1. 将注意力集中在腰胯、臀部，双腿分开与肩同宽。初学者双手叉在腰胯部，以保持平衡。让重心集中在下半身（见图①）。

2. 先出右胯，让右胯向右边大幅度扭过去。上身则平扭向左边（见图②）。

②

③

3. 然后是逆时针方向，让右边腰胯向前、向左做一个大的前半圆，上身是向后倾的；同时也做上身的逆时针半圆，即上身做从左向右的后半圆运动（见图③）。

4. 当右边腰胯带动下身转到左边半圆时，上身也完成了一个从左到右的后半圆。当上身继续做从右到左的前半圆动作时，腰胯已经从右转到左。此时身体呈上身向右、下身向左的姿势（见图④）。

④

功效：锻炼左右前后四侧腰肌；收紧大小腿赘肉与臀肌。

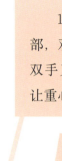

①

5. 上身继续由右向左转逆时针半圆，但是下身要向左后方翘臀，则上身会向右前方俯下身去，此时是翘臀俯身姿势（见图①）。

②

6. 臀部带动下身自左向右做一个逆时针大半圆；上身则自右向左做一个逆时针大半圆（见图②）。

注意事项：

1. 双脚始终要保持分开。

2. 俯身翘臀时两腿可以保持直立，也可以膝盖弯曲，只是前者更优雅，适合传统肚皮舞曲，后者更酷一些，配合迪斯科等现代电子舞曲，可以做得非常具有野性美。

3. 初学者可以先练习大幅度的水平圆胯，即将圆胯做得极其夸张，然后练习慢慢俯下身去，翘起臀来。

4. 练习熟练之后，可以搭配上双手交叉，由内而外地画圈会更漂亮一些。

③

7. 当上下身都做完大半圆后，直起身来，恢复到最初的预备姿势（见图③）。

水平圆胯—向下移—向上移的小诀窍

以逆时针圆为例：边做逆时针圆胯，边让两腿下弯，让身体圆胯转下去，然后慢慢转上来（可以选择同方向逆时针转上来，也可以选择反方向顺时针转上来）。

①

1．向上移动

（见图①～图③）

②

③

注意事项：

保持抬头、挺胸、收腹，臀部如果高翘出来是不太雅观的，所以最好的方法是双脚脚尖踮起来。先练习直立上身，收腹弯曲膝盖，蹲下身去。让臀部靠近脚后跟，然后再慢慢站起来。反复练习几次就能掌握平衡，不至于前摇后晃或者跌倒在地。然后就可以继续练习逆时针水平圆胯—向下移—向上移。

2．向下移动

（见图①～图③）

①

②

③

逆时针与顺时针水平圆胯相互交替配合，需要反复练习方能如鱼得水般灵活转动腰肢。

逆时针半水平圆胯与顺时针半水平圆胯的相互交替配合

腰胯带动下身从右转到左做一个半圆为一个逆时针半圆胯，反之就是一个顺时针半圆胯。将两者结合起来，动作幅度做得大一些，配上古典肚皮舞音乐和节奏。

1. 第一套

（见图①～图⑤）

①

（1）双腿并拢，左手兰花指向左伸出，右手兰花指放至脑后；

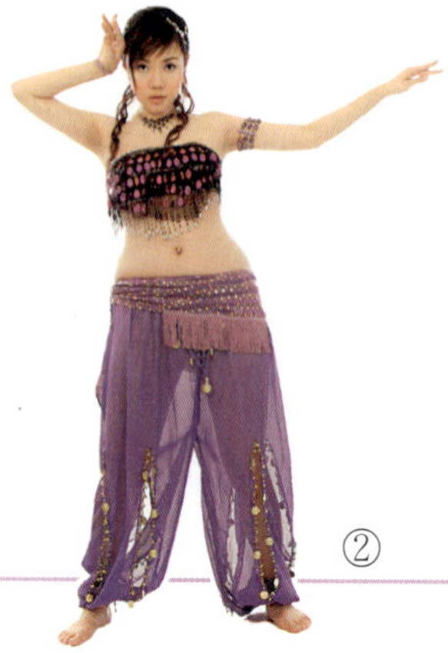
②

（2）同时左脚朝同向横迈出步子；

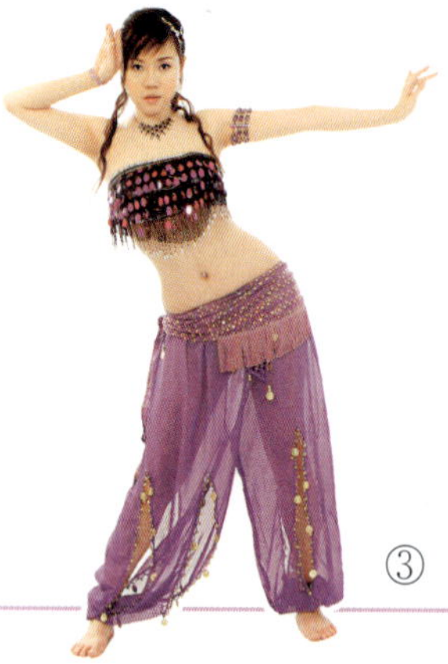
③

（3）身体重心随转胯挪到左边；

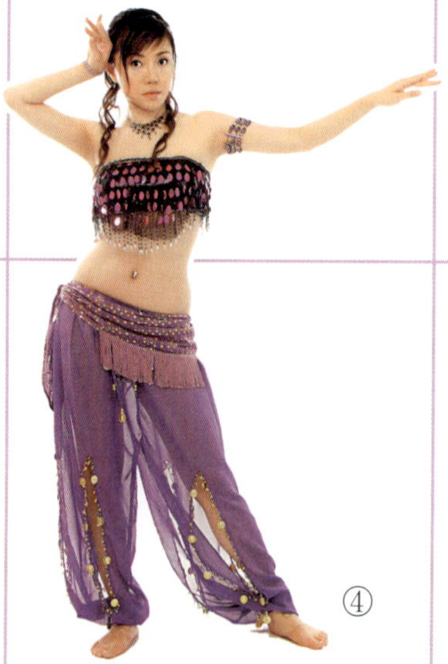
④

（4）胯骨带动身体从右向左、向前逆时针转大半圆；

⑤

（5）右脚紧随着向左横迈出步子，与左脚并拢。

2. 第二套

（见图①～图⑤）

①

（1）双腿并拢，右手兰花指向右伸出，左手兰花指放至脑后；

②

（2）胯骨带动身体从左向右、向后逆时针转大半圆；

③

（3）同时右脚朝同向横迈出步子；

④

（4）身体重心随转胯挪到右边；

⑤

（5）左脚紧随着向右横迈出步子，与右脚并拢。

以上两组舞蹈动作连接起来，左右各两拍就是一个简单的肚皮舞组合。

功效： 锻炼上下左右两侧腰肌；收紧臀肌。

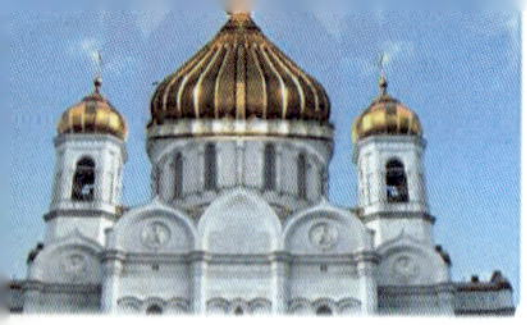

360度水平面跷跷板圆胯

①

动作幅度比水平圆胯要小，尽量保持以肚脐为界的上腹与上身不动，下腹依靠双腿和双膝上下、前后交替的力量，让骨盆以腰为轴心，像跷跷板一样，四面起伏，做圆胯运动（见图①～图④）。

②

③

④

①

1. 双膝微弯，或者踮脚尖，做上角胯，尽量让腹部凹进去（见图①）。

2. 双膝微弯，做右下胯。感觉骨盆的两侧在上下移动，双腿弯曲，让右胯骨向右下方垂直移动（见图②）。

②

功效： 锻炼骨盆、膝关节、四侧腰肌；收紧臀肌、大腿。

③

3. 下角胯，尽量让腹部凸出来（见图③）。

4. 双膝微弯，做左下胯。感觉骨盆的两侧在上下移动，双腿弯曲，让左胯骨向左下方垂直移动（见图④）。

④

手势＋手臂组合

软手

1．波浪手：指正波浪手

又称S型正向软手。

让一股力量从手腕开始，依次从手掌、第三指节、第二指节、第一指节到手指、指尖传导过去，呈现波浪状的起伏，然后再做下一次循环（见图①～图⑨）。

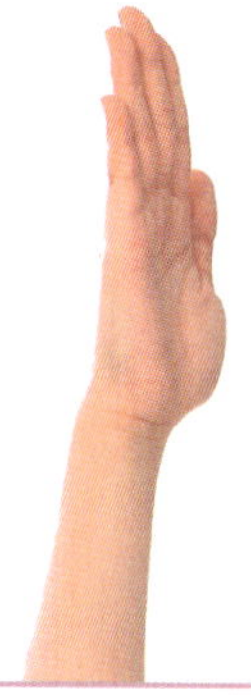

①

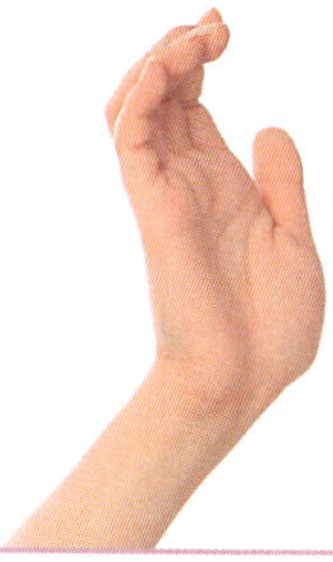

②

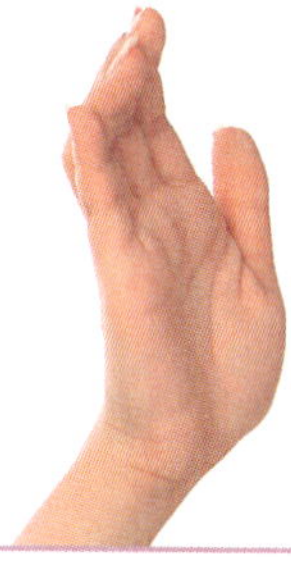

③

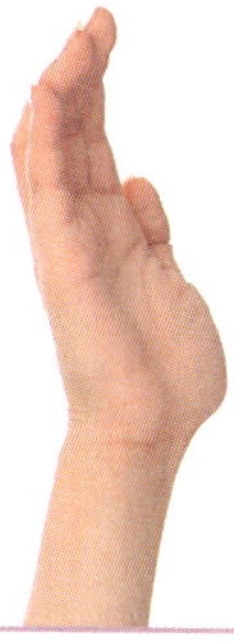

④

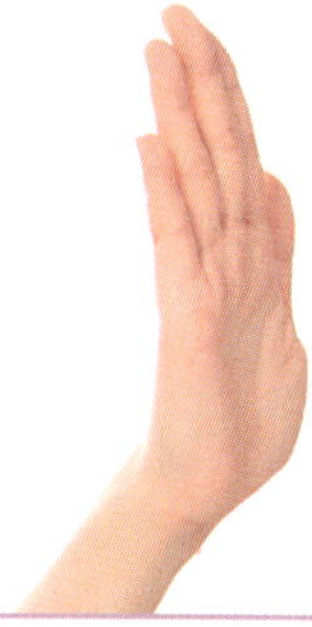

⑤

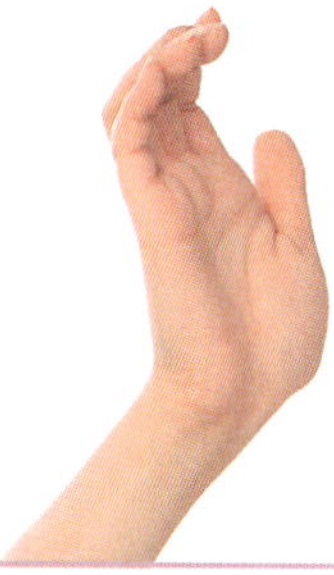

⑥

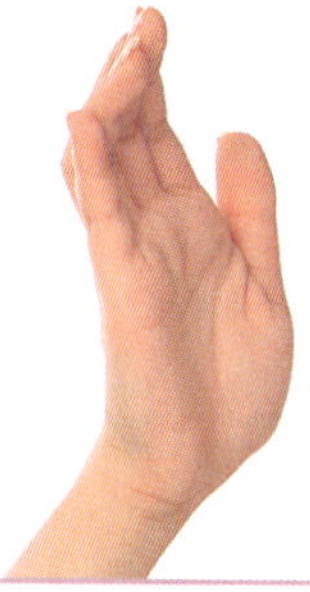

⑦

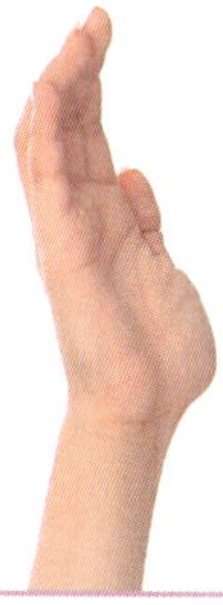

⑧

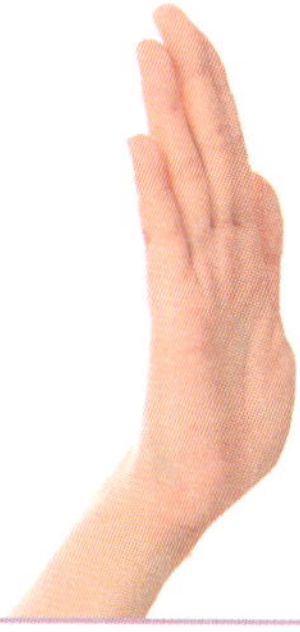

⑨

2. 蛇行手：指反波浪手

又称S型反向软手。

让一股力量从指尖开始向下弯曲，依次呈现波浪状的起伏，向第一指节、第二指节、第三指节、手掌、手腕传导过去，然后再做下一次循环（见图①～图⑨）。

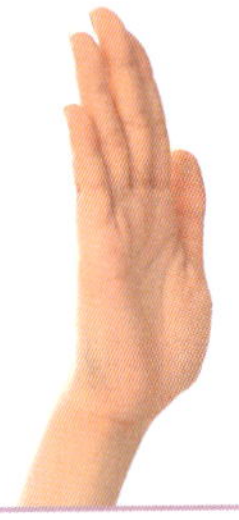

①

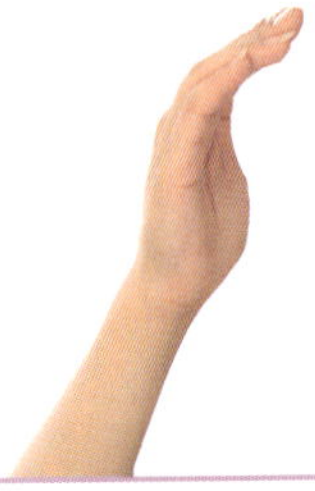

②

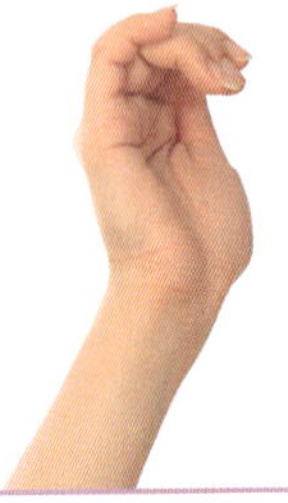

③

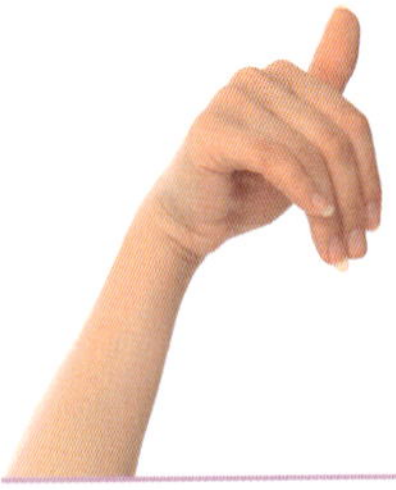

④

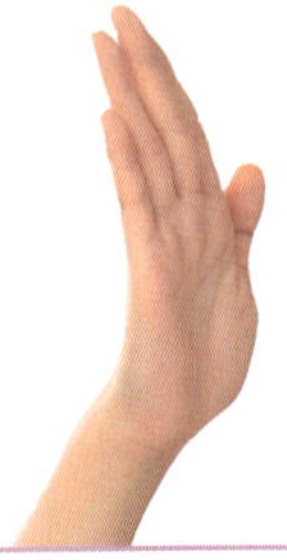

⑤

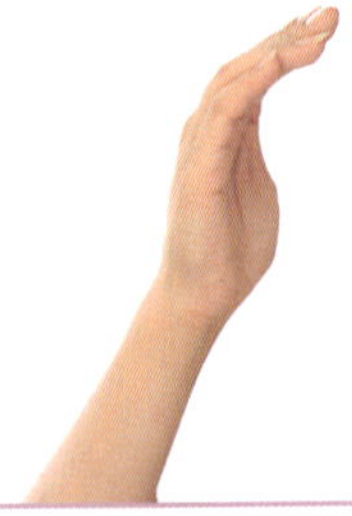

⑥

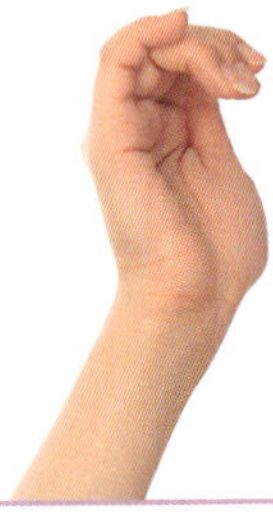

⑦

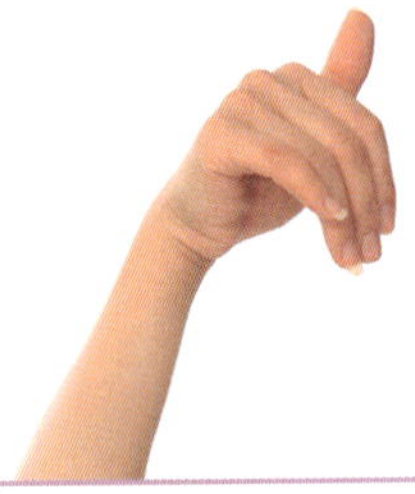

⑧

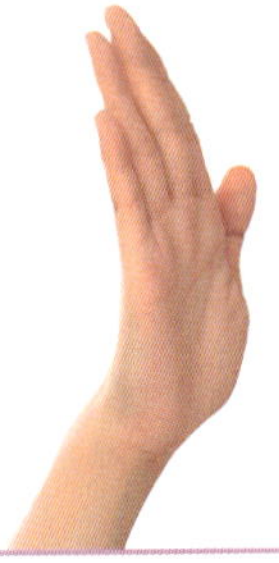

⑨

功效：锻炼手指关节和手腕灵活度，拥有纤长的手指和纤细手腕。

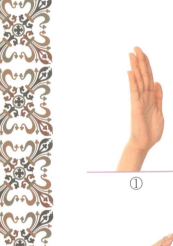

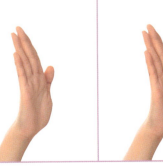

大波浪柔臂

柔臂的舞姿好像是在水面荡起涟漪，波浪绵延一般地起伏不断。

①

②

1．大波浪柔臂（朝外）

两侧手臂波浪状起伏式的柔臂（见图①、图②）。

两只手臂在身体左右两侧打开，平伸，展开。

（1）先练习一侧手臂由内向外起伏。让手在抬起的同时，由内侧向外侧画一个圆，在下降的时候，缓慢放下肩、肘、手；让手臂像波浪一样上下起伏（见图①～图⑦）。

①

抬肩

②

抬上臂

③

抬肘

④

抬下臂

⑤

抬手腕

⑥

抬手掌

⑦

抬手指

①

（2）另一侧手臂练习同样的上述动作（见图①～图④）。

②

③

（3）将前两个动作联合起来，交替上下起伏。

④

2. 大波浪柔臂（朝内）

相反方向——手臂由外向内起伏（原理同上）（见图①～图⑥）。

①

抬一侧肩

②

抬同侧上臂、肘

③

抬下臂、手腕

④

抬肘

⑤

抬手掌

让手臂在抬起的同时，由外侧向内侧画一个圆，在下降的时候，缓慢放下肩。

⑥

抬手指

小流水柔臂

柔臂的动作给人一种过电般的美感，仿佛有电波在手臂上传导一样。基本动作和运动规律与大波浪柔臂（朝外）相仿，只不过上下起伏的幅度和速度不同。

动作分解：

两侧手臂平抬，像大波浪柔臂（朝外）一样，始终在同一水平线上波浪状上下起伏（见右图）。

动作提示：初学时总是感觉肩膀僵硬，无法找到柔臂的要领，其实关键在于要让双臂在同一水平面上，做双臂平举，保持一分钟以上，起初会有肩部、臂膀的酸痛感觉。长时间练习双臂平举，才能让动作日趋完美。

天使翅膀

①

1. 大天使翅膀

双臂同时运动，先抬双肩，再抬双肘，然后抬手腕，最后抬手指，再依次按顺序放下，让双臂像大雁的翅膀一样飞翔（见图①～图④）。

②

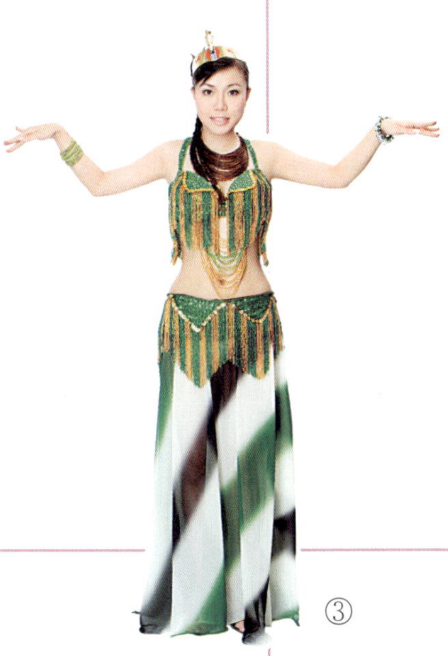

③

④

2. 小天使翅膀

抬肘，再抬手腕，最后抬手指；省略了肩膀运动（见图①～图③）。

①

②

③

双蛇手臂

双蛇手臂是双臂不在同一水平线上，由内向外，或者由外向内，上下起伏，相互交替的大波浪或者小流水式的柔臂（见下图）。

功效： 锻炼肩关节、肘关节、手指关节和手腕灵活度，减去大臂、小臂的赘肉，获得修长手臂、纤长手指和纤细手腕，塑造手臂线条。

十指相连式波浪软手

十指交叉，手指头嵌在第一指节和第二指节之间，让波浪起伏的力量从一侧手腕开始传导，经过同侧的掌心、指根、第三指节、第二指节、第一指节、指尖，蜿蜒起伏到对侧的指尖、第一指节、第二指节、第三指节、指根、掌心，再到手腕（见图①～图③）。

①

②

③

双手合十蛇行

①

②

双手掌心相对，让一股力量从手掌开始，依次从第三指节、第二指节、第一指节到手指、指尖传导过去，呈现波浪状的起伏，并像蛇的身体一样上下移动（见图①、图②）。

手臂运动组合

③

④

⑤

两侧波浪柔臂左右移动配合上、下8字胯（见图③～图⑤）。

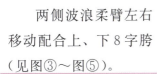

水平圆胯——组合手势的蛇舞

兰花指

手指呈兰花指状，手腕带动兰花指，在头顶做画圆动作，让指尖在空中画美丽的圆弧（见上图）。

头颈运动

1. 练习头颈先向左移，再向右移

伴随音乐节奏，左右各做 8 拍：1—2—3—4，2—2—3—4。

2. 练习头颈左右移动

伴随音乐节奏，从左向右共做 8 拍：1—2—3—4，2—2—3—4（见图①、图②）。

①

②

小秘诀：如果一时做不到头颈的左右移动，可以将身体的背部紧紧贴在墙上，双手臂举起也贴住墙壁，让身体辅助头颈向手臂左右移动。

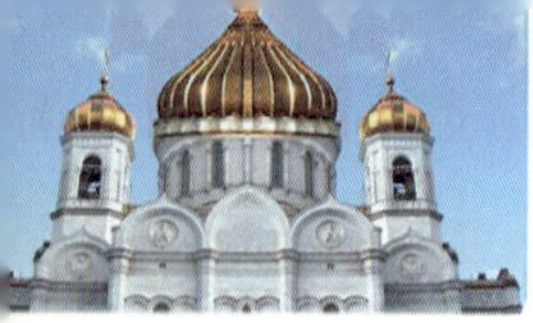

①
左

②
后

让头颈依次向左、后、右、前移动，最后连贯起来做 360 度的逆时针画圆动作。将头颈依次向右、后、左、前移动，然后连贯起来做 360 度的顺时针画圆动作（见图①～图④）。

窍门与提示：

将注意力集中在颈两侧的肌肉和神经上，在身体基本保持不动的前提下，以肌肉带动头部向左右两侧探出去，注意头部也基本不扭转。

功效： 让颈部灵活、纤细，有效改善双下巴。获得纤细、秀美的脖颈，塑造自信优雅的气质。

③
右

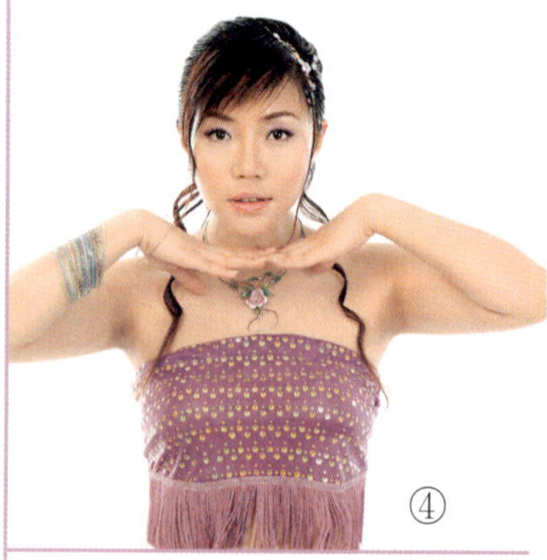
④
前

上身环绕

①

②

③

④

即做上身水平面圆周运动（见图①～图④）。

（一）前移

①

向前移动上身，胸往前顶出去（见图①）。

（二）左移

②

向左移动上身（见图②）。

③

（三）后移

向后移动上身（见图③）。

（四）右移

向右移动上身（见图④）。

④

（五）逆时针画圆

沿着逆时针圆的轨迹，将以上的四个点连接成一个圆，依次让上身向前、左、后、右移动，然后连贯起来做360度转动，就是上身环绕的逆时针画圆。

（六）顺时针画圆

上身依次向右、后、左、前移动，然后连贯起来做上身环绕的顺时针画圆。做动作时只用上半身力量做旋转，注意腰部和下半身保持不动。

功效：锻炼上腹部、双肋、后背上端的肌肉，改善胃部脂肪堆积情况。

胸部运动

抬胸·放胸

①

②

1. 抬胸

包括左、中、右三个方向上的抬胸。肋部向上抬起带动胸部上抬（见图①）。

2. 放胸

包括左、中、右三个方向上的放胸。呼气放腹，放低肋部，让胸部下放（见图②）。

抬胸和放胸一般用在舞蹈的重音处，起点缀作用。

胸环绕

1. 水平胸环绕

运动原理和上身环绕一样，只是胸部在做水平面圆周运动。

做动作时只用上半身力量做旋转，注意腰部和下半身保持不动。

①

（1）收腹抬胸，胸好像往前顶出去（见图①）。

②

（2）沿着逆时针圆的轨迹，向左转动胸部（见图②）。

③

（3）向后收紧腹部，胸沿着逆时针圆的轨迹，转到后正中位置，上腹和小腹向后“窝”进去（见图③）。

④

（4）胸沿着逆时针圆的轨迹，继续向右转动（见图④）。

⑤

（5）还原到原位（见图⑤）。

将上身依次向前、左、后、右移动，然后连贯起来做360度转动，逆时针画圆。

（6）上身依次向右、后、左、前移动，然后连贯起来做顺时针画圆。

①

向右移动

2. 直立胸环绕

(1) 上身式左右移动：

控制住胯骨不动，让上身平行向左右两侧移动，平推。

下身保持不动（各四个八拍，见图①、图②）。

②

向左移动

③

(2) 胸部上下提抬：

吸气，收腹，抬胸；呼气，腹部还原，胸部还原（四个八拍，见图③、图④）。

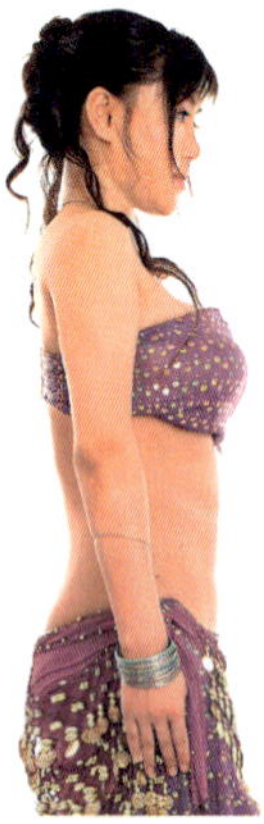

④

⑤

(3) 抬胸左右移动：

吸气，收腹，抬胸；让上身抬胸后平行向左右两侧移动（四个八拍，见图⑤、图⑥）。

⑥

（4）胸环绕——顺时针直立胸环绕：

①

A．上身向左移动（见图①）。

②

B．上身向左上抬胸（见图②）。

③

C．让向左上抬胸的上身继续平行向右上移动过来（见图③）。

④

D．向右上抬胸的上身向右下还原（见图④）。

然后再重复A、B、C、D，先慢后快顺时针胸环绕（四个八拍）。

功效：使胸肌、腹肌坚挺、结实。

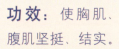

3．侧圆胸环绕

（1）上侧圆胸：即由前向后的胸环绕。

①

A．上身向前移动大约偏离躯干45度角，胸部向前挺出，下身保持不动（见图①）。

②

B．胸向上提，吸气；在前方和上方之间好像划出一道美丽的弧线，让上身移回至躯干的中间位置；仍保持胸部提气状（见图②）。

③

C．上身向后移，让胸部慢慢地好像窝进去一样。让后背在后方和下方的空中好像也划出一道美丽的弧线（见图③）。

D．上身还原，胸部也还原，呼气（见图④）。

重复一遍，连贯起来，由慢至快，由前向后转一个圆（四个八拍）。

④

（2）下侧圆胸：即由后往前的胸环绕。

①

A．上身向后移（见图①）。

②

B．伴随吸气，胸向上提，回到躯干中位（见图②）。

③

C．上身向前移，胸部继续保持上提的姿势（见图③）。

D．上身还原，胸部也还原，呼气（见图④）。

重复一遍，连贯起来，由慢至快，由后向前做胸部绕圆运动（八个八拍）。

④

4. “8”字胸环绕

（1）向上的直立“8”字胸环绕

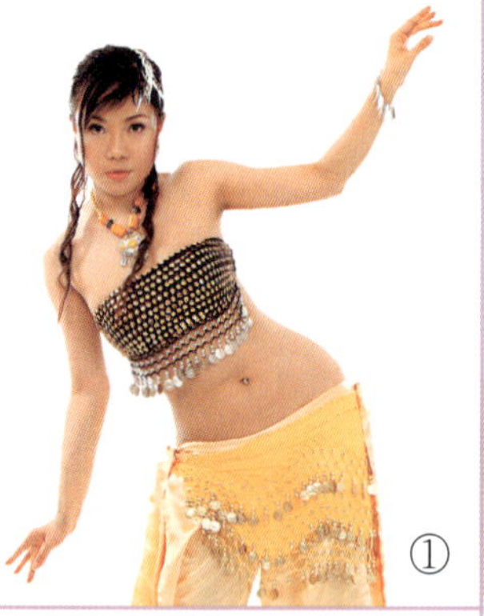

A. 胸部向右下移动（见图①）。

B. 胸部向右上移动（见图②）。

C. 胸部向左下移动（见图③）。

重复一遍，连贯起来，做向上的直立“8”字胸环绕（八个八拍）。

D. 胸部向左上移动（见图④）。

（2）向下的直立“8”字胸环绕

A．胸部向右上移动（见图①）。

B．胸部向右下移动（见图②）。

C．胸部向左上移动（见图③）。

D．胸部向左下移动（见图④）。

重复一遍，连贯起来，做向下的直立“8”字胸环绕（八个八拍）。

（3）前水平“8”字胸环绕

①

A．胸部向右前移动（见图①）。

②

B．胸部向右后移动（见图②）。

③

C．胸部向左前移动（见图③）。

再重复A、B、C、D一遍，连贯起来（八个八拍）。

④

D．胸部向左后移动（见图④）。

(4) 后水平“8”字胸环绕

①

A. 胸部向右后移动（见图①）。

②

B. 胸部向右前移动（见图②）。

③

C. 胸部向左后移动（见图③）。

再重复A、B、C、D一遍，连贯起来（八个八拍）。

功效： 胸环绕的所有动作都可以锻炼到胸肌、上腹肌、背侧肌；让胸部挺立、背部挺拔。

④

D. 胸部向左前移动（见图④）。

蛇舞

舞蹈组合

①

1. 身体蹲立在地面，让兰花手指先在头顶做蛇行手的旋转上行（见图①）。

②

2. 头做同方向的转动，同时身体慢慢向上延伸（见图②）。

③

3. 胸部也开始做同方向的转动（即水平胸环绕），同时身体继续向上延伸（见图③、图④）。

④

①

②

③

4．胯部配合头与胸的水平环绕也开始做同方向的转动（即水平圆胯—环绕）。这样就形成了水平圆胯的螺旋状向上的蛇行（见图①～图⑥）。

④

⑤

⑥

5. 接着水平圆胯的螺旋状向上的蛇行，又从胯开始，依次是胸、头颈的转动着向下的螺旋状下行（见图①～图⑦）。

此时你的身体仿佛一条沉睡千年的灵蛇，在乐笛声的呼唤下，蜿蜒盘旋向上升起。

①

②

③

注意事项： 在身体扭动下行时，后脚跟踮起，可保持身体平衡。

④

⑤

⑥

功效：锻炼手臂、上腹、双肋、后背上端、腰部、大小腿的肌肉，强化身体平衡性。

⑦

直立圆胯

顺逆时针直立圆胯

①

②

1. 直立位

身体直立，挺胸、抬头、收腹，然后微微踮起脚来呈直立踮脚位。让直立的身体沿着顺时针的轨迹在空中转一个圆圈。从直立踮脚位分别转成右胯位—直立弯膝位—左胯位—还原（见图①、图②）。

2. 右胯位

腰部向右的平移。让右胯骨向右方移动，带动腰肢扭到最大限度，然后让踮起的脚跟放下来（见图①、图②）。

①

②

③

3. 直立弯膝位

从右胯转换回到中间位，保持双膝微弯，身体微蹲（见图③）。

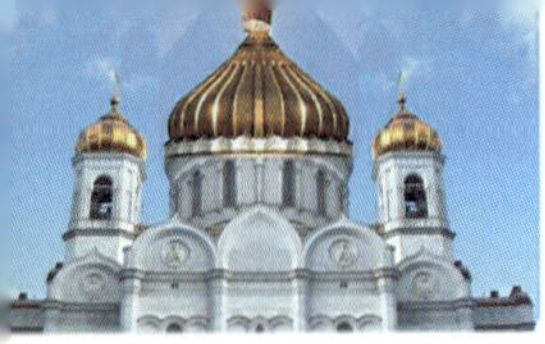

4. 左胯位

继续转为左胯，腰部向左平移。让左胯骨向左方移动，带动腰肢扭到最大限度，接着继续让脚跟踮起（见图①、图②）。

①

②

③

5. 直立位

身体直立，还原（见图③）。

单侧直立圆胯

利用单侧一条大腿和骨盆的力量在直立面上画出圆弧。

单侧直立圆胯向同侧行走，配合同侧 90 度角蛇行手臂+行走（见图①～图⑥）。

①

②

③

④

⑥

⑤

功效：主要锻炼单侧腰部的肌肉、减去大小臂的赘肉。

上下胯

单腿上下胯

①

②

1. 上胯

一腿直立，另外一条腿的胯骨向上笔直提起。脚跟抬起。感觉好像胯骨向上提是因为骨盆的最高点被一股力量向上拉扯起来（见图①）。

2. 下胯

骨盆从上胯所保持的最高点，好像被一股力量向下方笔直地拉扯下来，同时脚跟着地（见图②）。

举例：右腿上下胯（见图③、图④）。

③

④

双腿上下胯

让两条腿结合起来共同交替做上、下胯。

诀窍： 对于初学者，上下胯不易掌握，可以先让脚与腿从军营训练中的“稍息”“立正”开始练习。

最后让脚与腿并拢，仍然做“稍息”“立正”的动作，此时可以感受到腰胯、骨盆、耻骨关节的左右上移。

①

1．平脚式上下胯

双腿并拢，身体直立，左右的胯骨分别向上提，左右脚跟随之抬起。感觉好像骨盆的左右最高点被一股力量向上方拉扯起来似的（见图①）。

②

2．屈膝式上下胯

双腿并拢，膝盖微弯，上身直立，左右的胯骨分别向上提，左右脚跟随之抬起。感觉好像骨盆的左右最高点被一股力量向上方拉扯起来似的（见图②）。

③

3．踮脚式上下胯

双腿并拢，踮脚姿势。左右的胯骨分别向上提，左右脚跟随之抬起。感觉好像骨盆的左右最高点被一股力量向上方拉扯起来似的（见图③）。

上下胯式抖胯

上下胯也属于肚皮舞的基础动作之一。练习熟练之后，将上下胯运动加快，就会练成上下胯式抖胯。

上下胯组合

将以上的直立、弯腿、踮脚上下胯用口令连贯起来。

①

②

1. 上下胯前后行走练习

上下胯的前后行走，像上、下楼梯一样（见图①～图④）。

③

④

①

②

2. 上下胯行走提腿练习

左右交替上下胯，边提胯边抬脚，边行走（见图①～图④）。

③

④

提胯 坐胯 踢胯

上提胯

在国外这3个动作被形容为“hip drop”，意思为臀部降低。而我们的动作的确是靠胯骨的提抬来降低臀部。这3个动作一般都用作舞蹈重音的点缀。

踮脚拧身，用脚尖朝上的力量，单腿向上提抬胯骨。重心在另一条腿上（见左图）。

下坐胯

跐脚拧身，用脚尖朝下的力量，单腿下落胯骨。重心在另一条腿上（见图①）。

组合动作：

1. 上下提抬胯骨的前、中、后位置移动（各四拍）。

2. 上下提抬胯骨的前位置一拍（上、下各半拍）、中位置一拍（上、踢腿各半拍）、后位置一拍（上、踢腿各半拍）。

①

踢胯

坐胯的同时，在臀部下落的一瞬间脚尖踢出去，腿伸直（见图②）。

②

提胯·坐胯·提胯·踢胯四个动作组合

①

②

③

④

顶胯

顶胯类似于单腿上下胯。

左方向的前、中、后顶胯

一腿直立，另一腿的胯部向上顶。和单腿上下胯一样，感觉胯骨被向上提，好像骨盆的最高点被一股力量向上方拉扯起来似的。动作迅速和利落，胯部是快速向上向前顶出去的。唯一不同的是，顶胯时需要将腿伸出去更多一些，两脚的间距会更开一些。

左前顶胯

左中顶胯

左后顶胯

右方向的前、中、后顶胯

右前顶胯

右中顶胯

右后顶胯

摆胯

左右直立摆胯

摆胯有个形象、有趣而生动的谐名——拨浪鼓。顾名思义，也就是让直立的身体像拨浪鼓一样左右摆动起来。

1. 伸手式

双手平伸式快速直立左右摆胯。

此为初级练习动作，目的是让左右腰两侧可以前后摆动（见图①、图②）。

①

②

③

2. 垂手式

双手垂立式左右摆胯。

伴随伸手式的练习深入，让自己的双手臂垂立在躯体两侧，只是借助腰胯两侧的力量，让身体前后摆动起来（见图③、图④）。

④

左右前、中、后式直立摆胯

左腿斜伸，双手自然向两侧分开呈兰花指状向上或向下。左胯前后摆动并向前、中、后方向移动。

1. 左前摆胯

（见图①、图②）

①

②

③

④

2．左中摆胯

（见图③、图④）

3．左后摆胯

（见图⑤、图⑥）

⑤

⑥

行走式左右直立摆胯

脚跟微抬，依靠胯两边的拧转，横向移动（见下图）。

摆胯式左右直立抖胯

①

②

③

借助腰胯两侧的力量，让身体左右两侧像拨浪鼓一样快速摆动起来。动作加快，就可以达到摆胯式抖胯效果（见图①～图④）。

④

斜侧胯

斜侧顶胯

即斜侧面胯，身体在侧面倾斜状态下组合以前所学过的动作。

斜侧顶胯与顶胯类似，即腿伸长，顶胯的同时，需要同方向送出腰肢，骨盆的最高点是倾斜着向上顶出的（见右图）。

1. 前、中、后（后、中、前）

①

②

③

朝右方向的斜前、斜中、斜后顶胯（见图①～图③）。

2．左、中、右（右、中、左）

3．原地转圈

斜侧顶胯顺时针原地转圈（见下图）。

4．斜侧顶胯行走

5．连贯起来将上面动作组合成传统与现代舞蹈，搭配手势

一掌呈兰花指朝前，另一掌也呈兰花指状放在耳后，向不同的方向做斜侧顶胯行走。

斜侧摆胯

①

1. 原地侧身斜摆胯：（伸左腿式、伸右腿式）

将摆胯姿势做成斜伸出去一条腿，身体向后方倾斜；两手呈兰花状，一手向前平伸，另一手高举过头。

斜侧上摆胯、下踢胯的组合：

（1）预备动作（见图①）。

功效： 主要锻炼单侧腰部的肌肉、臀部的赘肉，还有骨盆关节。

②

（2）胯骨向前，朝上摆动（见图②）。

③

（3）胯骨向后、朝下摆动的同时，让同方向的单腿迅速向前踢出去（见图③）。

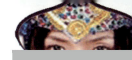

2. 原地转圈式斜摆胯（向前摆、向后摆）

伴随胯部侧身向前后摆动：

脚尖踮在地面时，胯部向前摆；

脚尖踢向前方，腿伸直，则胯部向后摆；

伴随脚尖在地面的挪动，胯部自然地前后摆动起来。

斜摆胯＋踢胯的原地转圈组合（见左图）。

①

②

③

3. 行走式斜摆胯

双手呈兰花指状放置在脑后和斜前方；

出左腿式行走摆胯；

出右腿式行走摆胯（见图①～图④）。

④

①

②

③

4. 斜摆胯式抖动

侧身站立，一腿斜伸向前，做好斜摆胯姿势，然后快速摆动胯部，让肌肉与腰部都颤动起来（见图①～图④）。

④

斜侧提胯、斜侧坐胯、斜侧踢胯的组合

身体斜侧，让提胯、坐胯和踢胯交替进行。原地转圈；行走组合（见下图）。

功效：主要锻炼双侧腰部的肌肉，减去胃部囤积的赘肉。

点肩 抖肩 抖胸

点肩

①

左点肩

②

右点肩

让双肩呈前后位依次移动，想像肩膀的前方10厘米好像有一面墙一样，轮流去触碰它。点肩的速度加快，就会让肩膀抖动起来，形成抖肩。点肩一般用在舞蹈的重音处，起点缀作用。

抖胸

诀窍：

①第一个简易方法：先坐在地上，尝试让胸部左右晃动起来；然后站起身来，切换成站立式的抖胸，继续尝试让胸部抖动起来。

②如果第一种方式无法做到，那么就尝试第二种——抖肩带动的抖胸：让左右肩膀前后交替快速移动，即让左右点肩的速度和频率加快，提高速度；让肩膀的前后碎小力量的晃动带动胸部的左右抖动。它的原理是密集的点肩形成抖肩，带动了抖胸（见图）。

小提示：有一点需要强调的是肚皮舞中的抖胸和蒙古族舞蹈中的抖肩虽有相似处，但是总体上不太一样。蒙古族舞蹈中的抖动更碎小，而肚皮舞中的抖胸虽然是由肩膀的抖动带动的，可是主要的受力点在胸部，肚皮舞抖胸的目的是要达到舞蹈中“波涛汹涌”的性感效果。

某些初学者，由于之前有民族舞的底子，所以一到抖胸的时候，不由自主地总是在剧烈抖肩，而忽略了胸部的抖动。可以用这个办法来纠正：俯下身去，低下头，让胸部朝着地面先悬空晃动起来，找这种抖动的感觉，然后再慢慢直立起来，继续胸部的抖动。

1．上下抬放式抖胸

上下抬放胸部的同时做抖胸运动（见图①、图②）。

①

②

2．前后抖胸

前后移动上身达到前后抖胸（见图③、图④）。

③

④

3. 半蹲式抖胸

让一条腿半蹲，另一条腿半跪在地上抖胸（见图①）。

①

②

③

4. 左右抖胸

左右移动上身达到左右抖胸（见图②、图③）。

5．水平圆抖胸

在水平面上，边抖胸，边让胸部的正面沿着顺时针或逆时针的圆圈的轨迹，水平移动。

①

（1）前抖胸

②

（2）左抖胸

③

（3）后抖胸

④

（4）右抖胸

（1）上抖胸

（2）前抖胸

（3）下抖胸

（4）后抖胸

6．侧面圆抖胸

侧身，边抖胸，边让胸部的侧面沿着顺时针或逆时针的圆圈的轨迹移动。

①

（1）上抖胸

③

（3）下抖胸

②

（2）左抖胸

7. 直立圆抖胸

在直立面上，边抖胸，边让胸部的正面沿着顺时针或逆时针的圆圈的轨迹，在直立面上移动。

④

（4）右抖胸

（1）左下抖胸

（2）左上抖胸

8．"8"字轨迹抖胸

在直立面上，边抖胸，边让胸部的正面沿着8字形状的轨迹，在直立面上朝上或朝下移动。

功效：让胸部肌肉结实、上挺。同时修饰锁骨以及肩膀的棱角。

（3）右下抖胸

（4）右上抖胸

8 字胯

前 8 字胯

又称水平 8 字胯。

①

1. 身体直立，微微向右前方侧身（见图①）。

②

2. 胯骨先向侧身的右前方移动，带动腰肢扭到最大限度（见图②）。

③

4. 左胯骨向左前方移动，带动腰肢朝左前方扭到最大限度（见图④）。

④

3. 让侧身的右胯骨做一个顺时针的半个水平面圆胯；身体的右胯骨则会转向右后方（见图③）。

⑤

5. 让朝左前方侧身的左胯骨做一个逆时针的半个水平面圆胯；身体的左胯骨则会转向左后方（见图⑤）。

此时再开始下一个前8字胯循环。

后8字胯

①

1. 身体直立，微微向右后方侧身（见图①）。

②

2. 右胯骨先向侧身的右后方移动，带动腰肢扭到最大限度（见图②）。

③

3．让侧身的右胯骨做一个逆时针的半个水平圆胯；让右胯骨从右后方转到右前方来（见图③）。

④

4．左胯骨带动腰肢向左后方侧身，让左胯骨向左后方移动的同时带动腰肢扭到最大限度（见图④）。

⑤

5．让左胯骨做一个顺时针的半个水平圆胯；让左胯骨从左后方转到左前方来（见图⑤）。

6．身体带动右胯骨继续侧身向右后方移动；再开始下一个后8字胯循环（见图⑥）。

这两个顺时逆时的水平圆胯连接起来的运动轨迹就是一个横卧的水平面8字形状。

⑥

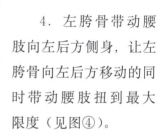

延伸动作：

①

A．双腿并拢式

注：不要用背部力量旋转，要用胯骨带动腰肢的力量。

②

B．双腿张开式

③

C．交替抬脚跟式

E．配合兰花指翻飞和上下移动。

F．前后 8 字胯交替。

功效：减少腰部两侧的赘肉，灵活胯骨。

④

D．侧身式

上下8字胯

又称直立8字胯。

1. 上8字胯

①

（1）身体直立，腿微弯（见图①）。

②

（2）右胯骨先向右方移动，带动腰肢扭到最大限度（见图②）。

③

（3）右胯骨向上方提抬，右脚尖踮地（见图③）。

④

（4）右胯骨带动腰肢还原成身体直立，但仍保持提胯姿势，脚尖仍踮地（见图④）。

（5）将提抬的右胯放下，还原成身体直立；其实你会感觉所做的只不过是右胯带动腰肢做了一个直立面的逆时针的圆胯（见图⑤）。

⑤

⑥

（6）左胯骨先向左方移动，带动腰肢扭到最大限度（见图⑥）。

⑦

（7）左胯骨向上方提抬，左脚尖踮地（见图⑦）。

⑧

（8）左胯骨带动腰肢还原成身体直立，但仍保持提胯姿势，脚尖仍踮地（见图⑧）。

（9）将提抬的左胯放下，还原成身体直立；其实你会感觉所做的只不过是左胯带动腰肢做了一个直立面的顺时针的圆胯（见图⑨）。

⑨

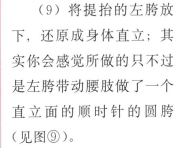

2. 下8字胯

①

（1）身体直立，提抬右胯骨，右脚尖踮地（见图①）。

②

（2）右胯骨先向右方移动，带动腰肢扭到最大限度（见图②）。

（3）将右胯骨放下，右脚跟着地（见图③）。

（4）右胯骨带动腰肢还原成身体直立；其实你会感觉所做的只不过是右胯带动腰肢做了一个直立面的顺时针的圆胯（见图④）。

③

④

⑤

（5）提抬左胯骨，左脚尖踮地（见图⑤）。

⑥

（6）左胯骨先向左方移动，带动腰肢扭到最大限度（见图⑥）。

⑦

（7）将左胯骨放下，左脚跟着地（见图⑦）。

（8）左胯骨带动腰肢还原成身体直立；其实你会感觉所做的只不过是左胯带动腰肢做了一个直立面的逆时针的圆胯（见图⑧）。

⑧

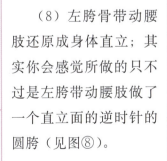

①

②

利用腿的弯曲和直立，练习上下移动上下 8 字胯。让身体上下移动，伴随波浪手臂配合（见图①～图③）。

③

①

②

③

向左右方向行走，向哪侧行走则先出哪侧的胯骨，手臂抬起，手指像波浪一样配合（见图①～图⑥）。

④

⑤

⑥

功效：主要锻炼单侧腰部的肌肉。

卧八字胯

1. 直立面卧八字

利用单侧一条大腿和骨盆的力量沿着直立面卧倒的 8 字形轨迹做出的 8 字形圆胯。

①

（1）身体呈左侧方位，右肩向前，左肩朝后，头部转动到身体左侧；脚尖着地；同侧大腿的左胯骨沿着竖立的顺时针半圆从 6 点向后转动到 9 点（见图①）。

②

（2）左胯骨继续向上转动到 12 点——骨盆最高点，再将胯骨放下（见图②）。

③

（3）让左胯骨从中间开始向前沿着竖立的逆时针半圆从 6 点向上转动到 3 点（见图③）。

④

（4）左胯骨继续向上转动到 12 点——骨盆最高点，胯骨放下，开始下一个循环（见图④）。

2. 水平面卧八字

利用单侧一条大腿和骨盆的力量沿着水平面卧倒的 8 字形轨迹做出的 8 字形圆胯。

①

（1）身体呈左侧方位，右肩向前，左肩朝后，头部转动到身体左侧；脚尖着地；同侧大腿的左胯骨沿着水平面的顺时针半圆从起点——6 点向后转动到 9 点（见图①）。

②

（2）左胯骨继续沿着水平面的顺时针半圆向前转动到 12 点——腰部向一侧扭动到最大限度的最远端（见图②）。

（3）将左胯骨从最远端收回来，再从中间开始沿着水平面的逆时针半圆从 6 点向前转动到 3 点（见图③）。

（4）左胯骨继续向前转动到最远端 12 点，再收回来，开始下一个循环（见图④）。

③

④

功效：主要锻炼单侧腰部的肌肉。

圆胯

顾名思义就是让胯骨由前往后做侧面的肚皮向上的圆胯，也可以理解为身体沿着轮子的轨迹做侧面向上的顺时针的圆周运动。

上侧圆胯

①

1. 呼气，肚腹鼓气向外送，让骨盆做角胯向前，想象身体的右侧面有一个面向自己的时钟，让前角胯沿着顺时针的圆周轨迹从 6 点的起始位置转到 9 点的位置（见图①）。

②

2. 保持角胯向前的同时，双脚踮起，让骨盆和肚皮沿着顺时针的轨迹向上继续画圆，到达 12 点的位置。同时深吸气，让腹部尽量朝内凹，此时身体呈现脚跟离地、脚尖着地的状态（见图②）。

③

3. 骨盆和肚皮沿着顺时针的轨迹向后继续画圆，到达 3 点的位置。此时身体呈现角胯向后（见图③）。

④

4. 肚皮和骨盆继续沿着顺时针的轨迹从 3 点转回到 6 点的位置，让身体微蹲，双腿微弯，再开始下一个顺时针的圆周运动的循环（见图④）。

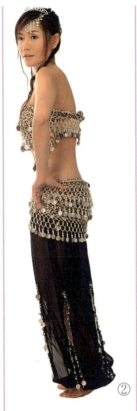

肚皮上翻滚

肚腹向上翻滚式圆胯的原理是做由前往后的侧面的上侧圆胯。

久而久之你的肚皮就可以不用借助上侧圆胯，就能不由自主地让肚皮进行朝上的翻滚。

依然想象身体的右侧面有一个面向自己的时钟。呼气，肚腹鼓气向外送。

①

1. 做上侧圆胯时，尽量让肚腹跟随顺时针的圆周轨迹做向上起伏翻滚肚皮动作；呼气鼓肚皮，让肚皮沿着顺时针的圆周轨迹从6点的起始位置转到9点的位置（见图①）。

②

2. 配合呼气的同时让肚皮朝外凸出，让肚皮沿着顺时针的轨迹向上继续画圆，到达12点的位置。开始吸气，让肚皮朝内凹进收回（见图②）。

3. 吸气收腹，让肚皮沿着顺时针的轨迹向后继续画圆，到达3点的位置。让肚皮最大限度地朝内凹（见图③）。

③

4. 让肚皮继续沿着顺时针的轨迹从3点转回到6点的位置，此刻肚皮恢复成原状。再开始下一个顺时针的圆周运动的循环（见图④）。

④

后前侧圆胯

又称下侧圆胯。

顾名思义就是让胯骨由后往前做侧面的圆胯，也可以理解为身体沿着轮子的轨迹做侧面向下的逆时针的圆周运动。

1. 身体微蹲，双腿微弯，想象身体的右侧面有一个面向自己的时钟；让骨盆从 6 点的位置沿着逆时针的轨迹，到达 3 点的位置；胯骨此刻做角胯向后（见图①）。

①

②

2. 让凹进的肚皮和骨盆从 3 点的位置沿着逆时针的圆周轨迹转动（见图②）。

3. 肚皮和骨盆沿着逆时针的圆周轨迹已经转到12点的位置，此刻脚跟踮起，脚尖着地（见图③）。

③

4. 让肚皮和骨盆沿着逆时针的轨迹，向前转到9点的位置，尽量呼气，让肚皮朝外尽量凸出（见图④）。

④

5. 让肚皮和骨盆沿着逆时针的轨迹，从9点向下转回到6点的位置，吸气让肚皮朝内还原。再开始下一个逆时针圆周运动的循环（见图⑤）。

注：做下侧圆胯时，尽量让肚腹跟随逆时针的圆周轨迹做向上起伏翻滚肚皮动作。

⑤

肚皮下翻滚

肚腹向下翻滚式圆胯的原理是由后往前的侧面的圆胯。

1. 边吸气边让肚皮朝内凹，让凹进的肚皮从6点的起始位置沿着逆时针的圆周轨迹转动到3点（见图①）。

①

②

2. 呼气，鼓肚皮，让肚皮沿着逆时针的圆周轨迹从3点的起始位置转到12点的位置（见图②）。

3．让肚皮沿着逆时针的轨迹继续画圆，到达9点的位置。让肚皮朝外呼气凸出（见图③）。

③

4．吸气收腹，让肚皮沿着逆时针的轨迹向后还原（见图④）。

④

5．让肚皮继续沿着顺时针的轨迹再开始下一个逆时针的圆周运动的循环。

注：做肚皮下翻滚时，尽量让肚腹跟随逆时针的圆周运动，起伏翻滚肚皮；吸气收腹，呼气鼓肚。久而久之你的肚皮就可以不用借助下侧圆胯，就能不由自主地让肚皮进行朝下的翻滚。

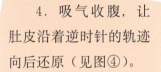

波浪身体

正反波浪体都是让身体沿着 8 字形的轨迹做侧面的上下圆周运动。

1. “正波浪体”＝上侧圆胸＋上侧圆胯＝人鱼的波动

让上侧圆胸和上侧圆胯的组合配合身体的自然起伏韵律，使身体好像鱼一样游动。用收放腹部肌肉来配合（见图①）。

①

2. “反波浪体”＝下侧圆胯＋下侧圆胸＝驼峰的起伏

让下侧圆胸和下侧圆胯的组合配合身体的自然起伏韵律，使身体好像沙漠中的骆驼，而肚腹像骆驼的驼峰一样起伏。用缩放腹部肌肉来配合（见图②）。

②

行走式侧圆胯

1. 人鱼式行走："正波浪体"＝上侧圆胸＋上侧圆胯

上侧圆胸＋上侧圆胯，使身体像鱼一样，呈前后腿姿势，身体的上侧圆胯配合双手呈波浪状起伏：身体起伏一次，则脚步挪动一次（见图①）。

①

②

功效： 主要锻炼上下腹部的肌肉。

2. 骆驼式行走："反波浪体"＝下侧圆胯＋下侧圆胸

好像沙漠中的骆驼，感觉肚腹像骆驼的驼峰一样起伏。脚步的抬放伴随肚腹的收放，每做一个下侧圆胯＋下侧圆胸，脚步同时抬放（见图②）。

抖胯

摆胯式抖胯

借助腰胯两侧的力量，让身体前后摆动起来。动作加快，就可以达到摆胯式抖胯效果（见左图）。

斜摆胯式抖胯

侧身站立，一腿斜伸向前，做好斜摆胯姿势，然后快速摆动胯部，让肌肉与腰链都颤动起来（见图①）。

①

直立式抖胯

身体直立，利用左右两个膝盖前后的抖动，两条腿会快速地前后弹动起来，这样会让肚皮也随着晃动起来（见图②）。

②

呼吸直立颤腰

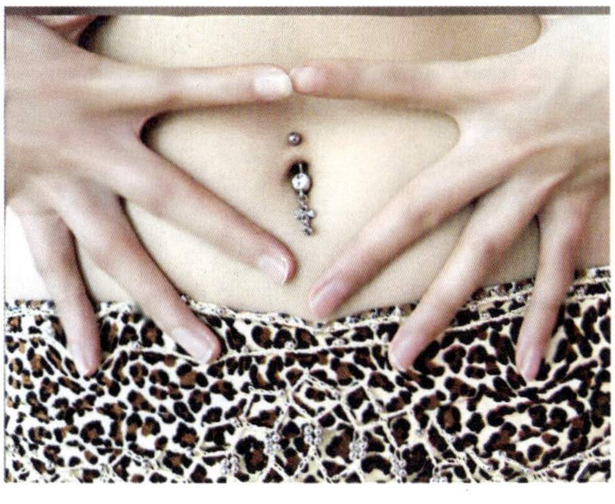

③

身体直立，用鼻子快速呼吸。模仿大热天狗喘气的呼吸方式，让呼吸急促起来，让肚皮伴随呼吸快速上下颤动起来。肚皮好像风吹过水面荡起的涟漪一样连绵不绝（见图③）。

上下胯式抖胯

上身直立，双腿微弯；将上下胯运动加快，让胯骨的快速上下运动配合带动膝盖的前后快速移动。

1. 屈膝式抖胯

2. 平脚式抖胯

3. 踮脚式抖胯

90度角胯式抖胯

让90度角胯上下动作加快，快到可以让腰肢前后快速抖动起来（见下图）。

行走式抖胯

1．踮脚尖式抖胯行走

两脚尖快速点地向前小碎步行走（见图①）。

2．踮脚尖式抖胯和扭转

小碎步行走式抖胯，两只脚的脚尖快速点地的同时，扭转身体（见图②～图④）。

①

②

③

④

①

②

③

3．上下胯式抖胯行走

平脚站在地面上（即脚掌整个着地），边走边靠上下胯的力量抖动（见图①～图④）。

④

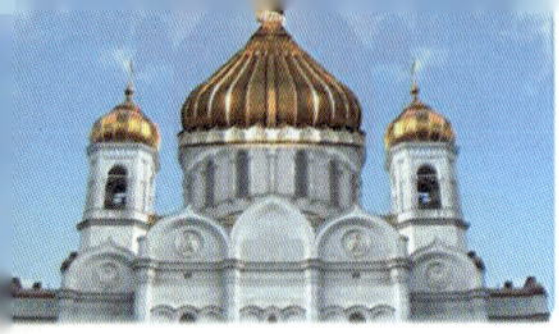

4. 左右提胯式行走抖胯

靠左右双腿快速向上提胯，一边各抖动两下地向前行走（见图①～图⑦）。

①

②

③

④

⑤

⑥

功效：抖胯可以颤动浑身肌肉，甩去多余脂肪。同时踮脚尖式行走抖胯可以锻炼足尖。

⑦

热身运动（Warming up）

摆胯式抖胯

1. 两脚分开，吸气，下蹲（见图①），兰花指交叉后缓慢分开（见图②）；上移至头顶交叉后从两侧分开（见图③）。

①

②

③

①

②

③

2. 再次吸气，下蹲，兰花指交叉后缓慢分开（见图①）；双手上移至头顶交叉后保持静止（见图②）；双手慢慢下移，轻滑过脸颊，经过胸部（见图③、图④）；双手下移到腹部分开（见图⑤、图⑥）。

④

⑤

⑥

①

3. 再次吸气，下蹲，兰花指交叉（见图①）；双手保持静止缓慢上移（见图②）；双手轻滑过脸颊（见图③）；双手上移至头顶分开（见图④）。

②

③

④

①

4. 再次仰头吸气（见图①、②）。

②

下蹲，兰花指下滑至身体两侧，翻转成手指相对（见图③）。

③

①

双手从肚脐处交叉后保持静止缓慢上移（见图①）；轻滑过脸颊（见图②）；上移至头顶分开（见图③、图④）。

②

③

④

①

②

5. 再次吸气，下蹲，兰花指在头顶交错之后像树叶一样缓慢下垂（见图①～图④）。

③

④

①

6. 再次吸气，下蹲，兰花指在头顶交叉后分离；先让一只手向下延伸到地面，再让另一只手向上延伸向天空，左右各做一次，拉伸躯干（见图①～图⑧）。

②

③

④

⑤

⑥

⑦

⑧

①

7. 再次吸气，下蹲，双手交叉向上舒展，侧腿弯膝，倾向一侧拉伸双肋（交替左右）（见图①、图②）。

②

③

8. 双手前面交叉平举，腰部向侧转，身体转向侧面，一腿朝前，双手向前方拉伸（见图③、图④）。

④

①

②

③

④

9．双手在身后交叉向后拉伸躯干；身体转向侧面，一腿朝前，双手背后，头后仰，向后拉伸后背颈部，保持不动，左右交替（见图①～图⑤）。

⑤

10. 左脚伸出，重心在左腿，手臂上伸，下蹲，舒展，左躯干拉伸开（左右交替，重心交替）（见图①、图②）。

①

②

肩部环绕

①

②

前后、左右交替。

③

④

向左右两侧顶胯

左右交替进行。
双手上举。

①

②

③

上身移动

①

上身向一侧移动，再转向另一侧，下肢保持不动（见图①、图②）。

②

③

双手向两侧平伸，再如波浪状，伴随上身的左右移动，交替运动感受身体的血液循环（见图③、图④）。

④

手臂环绕

①

1. 手臂环绕，平伸两侧，前后环绕，脚踝也伴随环绕（见图①、图②）。

②

③

2. 深呼吸，双手交叉，两边上行，至头顶，交叉后，环绕再下行（见图③）。

伸展大腿

侧身拉伸大腿，勾脚尖。侧身拉背部，伸右腿，手撑在腿上，上身不动，伸展大腿。

①

②

③

舒缓拉伸（Cool down）

1．一侧手臂平伸与肩平行同高，大臂靠近身体，另一只手臂帮助它拉伸。左右交替（见图①、图②）。

①

②

③

2．一臂弯过背后，掌心贴住后背；另一手臂帮助伸展，放在肘关节外，向后用力（见图③）。

①

②

3. 腿分开，屈膝，抬头挺胸下，腹部向下用力；再向上抬起，含胸低头起，向上伸展背部，直立，背肌用力弓背，绕肩一周（见图①～图④）。

③

④

①

4．侧面，一腿朝前，一腿在后，双手背后，头后伸，向后拉伸后背颈部，保持不动（见图①、图②）。

②

③

5．一腿独立，另一腿弯曲，做金鸡独立状，尽量让大小腿靠拢，保持平衡数秒（见图③、图④）。

④

①

②

6. 双手叉腰，挺胸哈腰，勾脚尖。

左右交替（见图①、图②）。

7. 颈部环绕，闭眼养神（见图③～图⑥）。

③

④

⑤

⑥

后记

千呼万唤始出来

——第一本肚皮舞葵花宝典酝酿七年后诞生了

当某一天，追求时尚潮流的人们聊着“温可馨和肚皮舞”的故事；电视、报纸、杂志上传播着“中国肚皮舞第一人和中国肚皮舞皇后”的事迹；

当某一天，狂热的舞迷和粉丝们蜂拥前往我的练舞厅；敏感的媒体记者们接踵而至我的俱乐部；

我恍若隔世……

昨夜梦里，我仿佛游离在梦想与现实脱轨的北漂大潮里，奔走在炙热而喧嚣的埃及沙漠里。

这是一本凝聚了我七年心血的教科书，却也是一份迟交的答卷。自从第一次在那个遥远而又神秘的东方古国，看到一个摇曳的纤腰在半空中舞出一道美丽的圆弧，那瞬间迸发的激荡灵魂的感动便如惊鸿般掠过眼眸，直叩心扉。从此它印嵌在脑海中，魂牵梦萦，欲罢不能。紧接着是第二道圆弧、第三道圆弧、第四道圆弧……都循着不同的轨迹向我呼啸奔来，萦绕脑海，挥之不去。为了留住那一道道圆弧，也为了自己能再造出更多的圆弧，我开始有了随笔记录的习惯。

几年下来，一张张形态各异的小纸条便汇集成了我习练肚皮舞的葵花宝典。来自天南海北的学生们最爱收集我身畔那些无处不在的小便签，将上面我潦草记录的所谓肚皮舞心得体会、纤腰舞秘笈要领一一归纳，如获珍宝地抄录在她们的笔记本电脑里。

学生们都催促我，老师，您的教材和光碟什么时候出版啊？我说：快了，快了。三年前都接连有三家出版社找我约稿。我不得整理到最完美吗？

还记得当年当我把自己琢磨的肚皮舞跳给中东的肚皮舞大师们看的时候，她们都竖起了大拇指，她们的眼神流露出的是百分百的赞许。加入我个人创意的纤纤指间舞、中国民族民间舞的柔肩动作以及一切本土的舞蹈元素——她们全部认可。此时此刻，我才懂得了肚皮舞的真正涵义。原来，在中国，我是第一个吃螃蟹的人。

还记得创业之初，只是偶尔会有从网上搜索而来的少量的中东舞爱好者跟我学舞，主流人群和社会是不看好我的事业的。我是这个都市的异类分子，我的肚皮舞馆不被任何部门认可，连去注册商标也不允许带有肚皮舞的字眼。于是我只好将我的肚皮舞馆开在不引人注目的居民区里。

尽管有这么多的不如意，但是舞蹈的世界是相通的。有肚皮舞宗师的一席话，受过再多的委屈、再大的苦难都已经不重要了，我感觉已经苦尽甘来了。

还记得当年，我对着从中东录回来的DV带中的每一个细节动作进行反复的分解和演练。时常是跳不会一个新的动作，编不出一个好的舞蹈，我就会夜不安寝，食不知味。记得有一次为了模仿一个超高难度的肚皮上翻滚的动作，我已经接连三宿没睡好觉了。后来实在困得撑不住，就趴在洗手间的梳妆台上睡着了。可是我心里还在急着练这个动作，于是好像在梦里突然找到了灵感。我不由地打了一个激灵，醒来一眼看见梳妆台的镜子里，我的肚皮好像一下子就活了，仿佛被赋予了鲜活的生命一样，可以上下翻滚，游刃有余。我激动地拉开门就冲出去，大声喊：“翻了，翻了，会翻了！”

一名网友在其博客上的话，对我是莫大的激励：

“要保持心灵的自由，你可以想象，可以记录，总之可以通过释放头脑达成；要保持身体的自由，你可以运动，可以舞蹈，总之可以通过动感的探索获得……顿时对温可馨在全国各大城市如火如荼获得巨大成功的肚皮舞俱乐部由衷地理解了和敬佩了。动静一体全不排斥，和谐千姿均需表达，冷静张狂都是权利，才是真正的自在……”

温可馨